Walter-Jörg Langbein
Die Kraft der Träume

Walter-Jörg Langbein

DIE KRAFT DER TRÄUME

Botschaften der Seele

MOEWIG

Bildnachweis:
S. 25 (Musée des Arts Décoratifs)
S. 26 (J. Tenniel)
S. 27, 28 o., 53, 54, 82 u., 83 (Walter-Jörg-Langbein)
S. 28 u., 55 (G. Doré)
S. 56, 81, 82 o. (Fortean Picture Library)
S. 84 o. (Yvonne Schneider)
S. 84 u. (Musée de l'Histoire de la Faculté de Médicine)

Originalausgabe
Umschlagentwurf und -gestaltung:
Werbeagentur Zeuner, Ettlingen
Umschlagfoto: The Image Bank
Printed in Germany 1997
Druck und Bindung: Elsnerdruck, Berlin
ISBN 3-8118-6917-5 (60er Kassette)

Inhalt

Der Kraft der Träume auf der Spur

Jahrtausendelang galt die Welt des Traums als ein magisches Reich, in dem sich nur Propheten und Priester auskannten. Im Schlaf erhielten sie nach ihrer Überzeugung Anweisungen von den Göttern oder erlebten magische Reisen in die Zukunft. Die Welt des Traums war, wie der Religionswissenschaftler Wolfram Buisman meint, für die Menschen früher Kulturen ebenso wirklich wie der Alltag. Es war eine Realität, der man ehrfürchtig und mit Scheu gegenübertrat.

Obwohl sich Psychologen und Philosophen seit vielen Jahren mit dem Traum befassen, erzielten Wissenschaftler die ersten Ergebnisse bei Forschungen im Tierreich. Beim Messen der Gehirnströme von Tieren kamen sie zu der Erkenntnis, daß auch sie träumen.

Delphine zum Beispiel haben eine ganz besondere Strategie entwickelt. Bei ihnen schläft stets nur eine Gehirnhälfte. Zellen in der wachen Gehirnregion achten darauf, daß das Tier regelmäßig Luft holt. Es würde sonst ertrinken.

Gründlich untersucht wurde auch das Schlafverhalten von Ratten. Die possierlichen Nager erwiesen sich als recht intelligent. Sie erlernten so manches Kunststückchen. Was ihnen tagsüber beigebracht worden war, das prägten sie sich im Traum erst richtig ein. Sie verstärkten und speicherten die Informationen im Gehirn. Dabei maßen die Wissenschaftler in ihren grauen Zellen sogenannte Theta-Rhythmen. Der amerikanische Forscher Jonathan Winson, der tagsüber die Gehirne von Ratten mit solchen Rhythmen stimulierte, stellte fest, daß die Tiere dann viel schneller lernten.

Theta-Schwingungen, so schließt der Wissenschaftler, stanzen bei Ratten im Schlaf Informationen in den Gedächtnisspeicher des Gehirns wie in das Streifenlochband eines Computers.

Solche Theta-Rhythmen treten auch bei Katzen auf. Sie wurden immer dann nachgewiesen, wenn die Stubentiger schlafen und träumen. Sie werden aber auch im Wachzustand gemessen, und zwar immer dann, wenn die Tiere Neuland erkunden, wenn sie erstmals neugierig und ängstlich ein unbekanntes Gebiet erforschen. Was bedeutet diese Übereinstimmung? Wissenschaftler sind sich noch nicht einig. Erkunden Katzen im Traum unbekannte Gefilde? Stellen sie sich vor, ihr Revier zu verlassen?

Mitte der achtziger Jahre kamen Wissenschaftler im Labor von Jouvet im französischen Lyon zur Überzeugung, daß sich Katzen im Traum tatsächlich in eine »andere Welt« begeben. Sie reagierten nicht auf Sinneseindrücke ihrer unmittelbaren Umgebung, hielten aber offensichtlich ihre Traumwelt für wirklich. Als auf chemischem Wege einige Gehirnpartien ausgeschaltet wurden, reagierten die Katzen, wie die Traumforscher vorhergesehen hatten: Sie hoben den Kopf, liefen umher und verfolgten imaginäre Beutetiere.

Für Ratten und Mäuse, so ergaben andere Versuche, sind Schlaf und Träume lebenserhaltend. Hindert man sie einige Woche am Träumen, dann sterben sie.

Gegen Ende des 19. Jahrhunderts behauptete der dänische Professor Dr. Alfred Lehmann, die Vorstellung von der Existenz von Geistern sei auf Träume zurückzuführen. Weil der Mensch oft von verstorbenen Menschen träume, seien Angehörige von Naturvölkern zu der Überzeugung gelangt, daß die Geister der Ahnen in einer geheimnisvollen Traumwelt lebten. Nur für eine begrenzte Zeit seien sie von den Träumenden zu sehen, dann würden sie sich in andere und noch geheimnisvollere Gefilde zurückziehen. Dort könne man sie dann nicht mehr erreichen.

Wo sich die Träume selbst im Gehirn ereigneten, das wußten Wissenschaftler lange nicht. Im 19. Jahrhundert vermuteten Mediziner, daß die Großhirnrinde beim Menschen das wichtigste Organ überhaupt sei. Hier sitze auch das Bewußtsein, hier spielten sich die Träume ab. Bald erwies sich diese Annahme als falsch. Hirnchirurgen wie Harvey Cushing und Walter Dandy erkannten, daß der Gehirnstamm eine weit wichtigere Rolle spielt. Aber erst heute wissen wir, daß die Zentralstelle des Gehirns neben dem Stammhirn sitzt.

1996 haben Wissenschaftler der belgischen Universität von Lüttich damit begonnen, das Geheimnis des Träumens zu erkunden. Sie förderten dabei interessante Erkenntnisse zutage. Auf keinem anderen Forschungsgebiet wurden, wie der israelische Schlafforscher Peretz Lavie feststellte, in kurzer Zeit so viele wichtige Entdeckungen gemacht.

Insgesamt 25 Testpersonen wurden zunächst künstlich am Einschlafen gehindert. Als sie dann vollkommen übermüdet waren, begann man mit umständlichen Prozeduren. Ihr Ziel war es, die Wege der Träume im Gehirn zu erforschen.

Bei einem Experiment verpaßte die Assistentin des Neurologen Pierre Maquet einem jungen Mann eine enganliegende Gesichtsmaske. Seine Schädeldecke wurde mit immerhin zehn empfindlichen elektrischen Leitungen verkabelt. Schließlich wurde eine radioaktive Flüssigkeit in seine Adern gespritzt. Die übermüdete Testperson war längst schon eingeschlafen, als sie in die beängstigend enge Röhre eines Computertomographen geschoben wurde.

Hellwach indes war Gehirn- und Traumforscher Maquet. Auf einem Computerbildschirm beobachtete er genau, was sich im Hirn von Testperson A abspielte. Da gab es eine Art Miniaturfeuerwerk der farbenprächtigsten Art. Die mannigfaltigen Lichtblitze ließen den Experten genau erkennen, welche Gehirnpartien des Träumers jeweils aktiv waren. Einerseits wurden in der Traumphase eine Vielzahl von Gehirnregionen benutzt, deren Funktion bereits hinlänglich bekannt war. Die Zellen, die im Wachzustand von der Nase Informationen erhalten, wenn es gilt, Duftstoffe zu überprüfen, agierten dann, wenn der Schlafende von Gerüchen träumte. Andere Regionen wiederum, zuständig für das Erkennen von Tasteindrücken, blitzten auf dem Computerbildschirm auf, wenn der Schläfer davon träumte, etwas anzufassen. Andere Regionen wiederum wurden aktiviert, wenn der Traum optische Eindrücke vermittelte.

Besonders aktiv war aber stets die Amygdala. Im Wachzustand ist dieses etwa mandelgroße Gehirnstück neben dem Hirnstamm im Zentrum des Schädels die Schaltzentrale, die Erinnerungen wahrnimmt und die entsprechenden Daten dem Langzeitgedächtnis einverleibt.

Bildhaft ausgedrückt: Der Mensch ist wie eine große Tageszeitung organisiert. Viele Reporter sind beschäftigt. Ihre Aufgabe besteht darin, Informationen zu sammeln. Telefonisch werden diese den Telefonistinnen einer Zentrale mitgeteilt. Die tüchtigen Damen sorgen dafür, daß alle eingehenden Berichte schriftlich festgehalten und in einem Archiv gespeichert werden. Oder sie tippen sie am Computer und geben die Daten dem elektronischen Gedächtnis des Superhirns weiter. Sie können bei Bedarf jederzeit wieder abgerufen werden: Zum Beispiel wenn es darum geht, einen Artikel über ein bestimmtes Thema zusammenzustellen.

Die Reporter des menschlichen Organismus sind die Nervenzellen. Sie sitzen auf der Haut, in der Nase, im Gehörzentrum der Ohren, in den Augen. Wenn beispielsweise ein Mensch mit dem Finger auf eine heiße Herdplatte faßt, dann melden die Nervenzellen laut und deutlich: Ofenplatte – heiß – Schmerz! Diese Information wird über Nervenbahnen der Amygdala-Zentrale gemeldet. Und die deponiert die Daten im Langzeitgedächtnis, von wo sie jederzeit abgerufen werden können. Wenn der Mensch dann wieder einmal eine heiße, rotglühende Herdplatte sieht, dann meldet sich das Langzeitgedächtnis zu Wort: Achtung! Schmerz! Der Mensch ist gewarnt und vermeidet es, die heiße Herdplatte zu berühren.

Beim Träumen ist nun eben diese Amygdala besonders aktiv. Sie baut ganz offensichtlich die Einzelinformationen »Sehen«, »Riechen«, »Tasten«, »Hören« und »Schmecken« zu Traumbildern zusammen. Ist sie der Regisseur, der einzelne Impressionen zu einem Film zusammenfügt?

Maquet fand noch mehr heraus: Während in der Amygdala eigentlich stets Hektik wie in einer Zeitungsredaktion vor Zusammenstellung einer neuen Ausgabe herrschte, war in anderen Regionen des Gehirns Funkstille.

Ausgerechnet jene Gehirnpassagen, die für das logische Denken, aber auch für das Zeitgefühl des Menschen zuständig sind, mit denen analysiert und gedacht wird, bleiben beim Träumen vollkommen untätig.

Pierre Maquet machte erstmals sichtbar, was sich im Gehirn des Menschen abzeichnet, wenn er träumt. Er fertigte »Landkarten« des Gehirns an, in denen genau vermerkt wurde, welche Gehirnregionen beim Träumen aktiv und welche passiv sind. Wenn der Mensch so etwas wie ein gigantischer Roboter ist, dann besteht sein Hirn aus drei Computern. Einer ist für die Logik, ein anderer für die Gefühlswelt zuständig. Beim Träumen wie im Wachzustand werden Eindrücke empfangen und an einen dritten Computer weitergeleitet – an das Langzeitgedächtnis. Beim Träumen aber bleibt der Logik-Computer außer Betrieb. Warum das so ist, das konnte auch die Studie des Belgiers Maquet nicht in Erfahrung bringen.

Bereits vor Jahren äußerte der französische Schriftsteller Jacques Bergier die Vermutung, Träume könnten deshalb so bizarr sein, weil sie nicht der logischen Zensur des Denkens unterworfen werden. Der erfolgreiche Autor von Werken wie »Aufbruch ins dritte Jahrtausend« erklärte mir: »Auf den Menschen prasseln unvorstellbar viele Sinneseindrücke ein. Viele sind logisch, viele scheinbar unlogisch. Es sind deren zu viele, als daß der Mensch sie alle wirklich bewußt bearbeiten könnte.« Also gebe es da so etwas wie einen Filter im Gehirn, der aussortiert.

Wie wird man sich einen solchen Filter vorstellen müsse? Wie ein Computerprogramm, das entworfen worden ist, um bestimmte Informationen zu löschen und andere weiterzuleiten. Der Mensch bestimmt selbst, was gelöscht, was weitergegeben wird. Was aber läßt er löschen? Welche Informationen dürfen bleiben?

Bergier glaubt, daß all jene Informationen getilgt werden, die scheinbar mit dem Weltbild des Menschen absolut nicht in Einklang zu bringen sind. Und es bleibt an Wissen erhalten, was eben dieses Weltbild bestätigt und stützt.

Jahrtausendelang herrschte ein magisches Weltbild. Was heute als »übersinnlich« gilt, gehörte zum Alltag. Die Kraft der Träume wurde genutzt. Auf die Botschaften der Seele wurde gehört. Es liegt an uns, die Kraft der Träume erneut zu nutzen.

Prophetische Träume in Religion und Politik

Der Tempel der träumenden Göttin

Einer der geheimnisvollsten und magischsten Orte unserer Erde ist das kleine Inselchen Malta, rund 100 Kilometer südlich von Sizilien gelegen. Vor mindestens 6500 Jahren soll das Eiland von Vertretern einer unbekannten Kultur besiedelt worden sein. Woher die Fremden auch kamen, sie waren wahre Künstler des Tempelbaus. Heute noch mutmaßen Einheimische, ihre Altvorderen müßten über magische Kräfte verfügt haben, um mit spielerischer Leichtigkeit gigantische Steinkolosse über größere Distanzen befördern zu können. Auf Malta selbst, aber auch auf der kleineren Insel Gozo, schufen sie aus zum Teil riesigen Steinen wahrhaft gigantische Tempel. Wie viele es einst waren, wir wissen es nicht mehr. Rund dreißig der imposanten Bauwerke sind noch erhalten.

Der geheimnisvollste Tempel, das sogenannte Hypogäum, entstand südwestlich von Valletta in Saflieni, unweit des Städtchens Paola. Der Name des uralten Kulturdenkmals läßt sich übersetzen. Er stammt aus dem Griechischen. Hypo steht für »unter«, gaia bedeutet »Erde«. Hypogäum heißt also »unter der Erde«. Der Archäologe bezeichnet so »unterirdische Gewölbe wie zum Beispiel Keller im antiken Haus und beim Grabbau, die Kellerräume der römischen Thermen«, aber auch »einen unterirdischen Kultraum, insbesondere dann, wenn es sich um eine nichtchristliche Anlage handelt«. Fast immer dienten diese unheimlich wirkenden Orte auch magischen Zwecken.

So waren beispielsweise dem Gott Mithras, der bereits im zweiten vorchristlichen Jahrtausend von den Hethitern verehrt wurde, im Römischen Reich unheimlich wirkende, unterirdische Kulträume geweiht. Im Zentrum dieser Anlagen stand eine Statue oder ein Bild des Gottes. Jene römischen Stätten religiöser Verehrung sind aber meist sehr jung, stammen aus dem 2. Jahrhundert n. Chr.

Das Zentrum von Maltas steinzeitlicher Religion, von der so gut wie nichts mehr bekannt ist, war eine »schlafende Göttin«. Sie wurde im Hypogäum verehrt, aber auch in anderen maltesischen Tempeln. Statuen von fast drei Meter Größe zeigen sie, aber auch 20 Zentimeter kleine Figürchen aus Ton oder Stein. Das Zentrum des Kults um die »schlafende Göttin« aber war die unterirdische Welt des Hypogäums.

Als 1902 bei Paola Arbeiter beim Hausbau eine der ortsüblichen Zisternen aus dem massiven Fels schlugen, stießen sie auf ein Gewölbe, das sie zunächst für eine Höhle hielten. Sie kletterten hinein und entdeckten mehrere Räume, in denen zahllose Knochen lagen. Zufällig hörte Pater Magri von der Entdeckung. Er wurde offiziell damit beauftragt, die geheimnisvolle Stätte näher zu untersuchen. Wissenschaftlich war sein Vorgehen nicht. Er ließ die »wichtigsten Kammern reinigen«, zerstörte damit wertvolle Hinweise, die von Archäologen hätten ausgewertet werden können, brach dann die Arbeit ab und ging als Missionar nach Fernost. Erst in den Jahren von 1905 bis 1909 erschloß Sir Themistocles Zammit die unterirdischen Kulträume, die vor Jahrtausenden mindestens drei Stockwerke tief in den Stein gemeißelt worden waren. 7000 Skelette sollen gefunden worden sein. Hatte man sie geopfert? Oder waren es die Gebeine vornehmer Menschen, die so nah wie möglich am Allerheiligsten zur letzten Ruhe gebettet werden wollten?

Die »schlafende Göttin« fand sich im untersten Raum des Hypogäums. Es ist eine etwa 10 Zentimeter kleine Terrakottafigur. Sie liegt auf einem steinernen Bett, das auf vier Füßen steht. Ihr Leib wirkt kurz und gedrungen.

Überall in der »Unterwelt« finden sich geheimnisvolle Löcher in den Wänden. Sie wurden einst mit Präzision sauber gebohrt und verbinden die Räume miteinander. Sie stellen so etwas wie ein steinzeitlich-primitives, aber heute noch funktionierendes Kommunikationssystem dar. Was in die eine Öffnung hineingesprochen, ja geflüstert wird, schallt aus den anderen, oft viele Meter entfernten, wieder heraus.

»Leider ist auch heute«, schreibt der Wiener Archäologe Professor Hans Bellamy, »fast einhundert Jahre nach der Entdeckung des Hypogäums, die Anlage keineswegs vollständig erforscht. Wir wissen, daß es eine Art ›Röhrensystem‹ gegeben hat, verborgen im Stein. In der mittleren Etage etwa befindet sich ein Loch in der Steinwand. Aus ihm mögen die Worte erklungen sein, die ein Stockwerk tiefer von den Priestern der schlafenden Göttin gesprochen wurden. Man kann von einem ›Orakeltelefon‹ sprechen! Diente es kultisch-magischen Zwecken?«

Welche Funktion die Göttin selbst hatte, wollte ich von dem Gelehrten wissen. »Darüber können wir nur Vermutungen anstellen. Wahrscheinlich war sie eine Art Medium, ein Orakel, nahm Fragen entgegen und beantwortete sie.« Was sie im Schlaf, im Traum erfuhr, das wurde als Antwort der Götter angesehen. »Ob diese scheinbar sinnlosen Öffnungen wohl Orakellöcher sind«, überlegt Kurt Benesch, »durch die irgendein Priester oder eine maltesische Pythia ihre Weissagungen in den Raum gesprochen haben? Hallend, unwirklich, als kämen sie aus dem Inneren der Erde. Im Hypogäum kann man den Effekt noch heute erzielen.«

Benesch vermutet, daß die »schlafende oder große Göttin« eine Priesterin sein könnte, »vielleicht mit Hilfe von Kräutern oder Räucherwerk in einen hypnotischen Schlaf versetzt, in dem sie nach dem Glauben ihres Volkes mit göttlichen Mächten in Verbindung trat und die Gabe der Weissagung erhielt. Gleich den anderen Tempeln war ja auch das Hypogäum eine Orakelstätte, und das würde auch gut zu den Deutungen dieses unterirdischen Baus als Begräbnisort passen, denn nach altem Glauben waren es ja die Toten, die den Schläfern ihre Träume sandten. Oder sie liegt im Tiefschlaf, Religion und Medizin sind im Morgengrauen der Menschheit eins, man denke nur an Epidauros, wo im Heiligtum des Äskulap die Kranken in einen hypnotischen Schlaf versetzt wurden.«

In den vergangenen Jahren war das Hypogäum für die Öffentlichkeit geschlossen. Warum dies so ist, darüber gibt es keine amtliche Verlautbarung. Gerüchte kursieren, werden wieder dementiert. Es heißt, man habe ein weiteres, viertes unterirdisches Stockwerk entdeckt. Versuchen Wissenschaftler, ungestört von Touristen, dem Rätsel der schlafenden Göttin auf den Grund zu gehen? Im Zentrum des religiösen Kults von Malta stand offenbar die Vorstellung, daß über das Medium des Traums göttliche Botschaften übermittelt werden. Die riesenhaften Tempel sind gigantische Denkmäler. Sie zeugen von der Kraft der Träume, die wahre Heere von Arbeitskräften dazu veranlaßte, unvorstellbare Steinmassen zu gewaltigen Bauten aufzutürmen, die die Jahrtausende überstanden.

Buddha, Jesus und Mohammed

Buddha, der Stifter des Buddhismus, wurde 560 v. Chr. in Kapilawatthu, im heutigen Nepal geboren, er starb um 480 v. Chr. Der Überlieferung nach hatten seine Mutter, sein Vater, aber auch seine Frau prophetische Träume. Die Mutter des Religionsstifters erzählte ihrem Mann, König Suddhodena, aber auch den Wahrsagern des Herrschers von einem Traum, den sie »im Unterholz« hatte: »Etwas Weißes wie Schnee oder Silber, heller als der Mond oder die Sonne, der beste der Elefanten, mit feinen Füßen, gut ausgeglichen, mit starken Gelenken, mit sechs Stoßzähnen so hart wie Diamant, das Großmütige, das sehr Schöne ist in meinen Mutterschoß eingetreten.« Sie wolle die Bedeutung ihres Traums begreifen. Ihr Gemahl verstand den Traum nicht, seine Wahrsager konnten ihn aber deuten. Sie werde, das künde der Traum, einen Sohn gebären, er würde zu einem Monarchen ganz besonderer Art heranwachsen, als umherwandernder Mönch werde er durch die Lande ziehen und jeglichen Genuß meiden.

Auch König Suddhodena träumte: Er sah seinen Sohn, wie er in stiller Nacht das Haus verließ, begleitet von einer Schar von Göttern. In rötlichem Gewande zog er als Mönch durch die Lande. Der totale Wandel im Leben Buddhas kündigte sich in einem Traum an, den seine Frau Gopa hatte. Sie sah sich selbst, wie sie sich die wallenden Haare abschnitt, ihr wertvoller Schmuck, ein Diadem, zerbrach in Stücke. In einer anderen nächtlichen, teilweise erschreckenden Vision, waren ihre Hände und Füße abgeschnitten, sie selbst völlig nackt. Die Beine ihres Bettes waren abgehackt und lagen zwischen Perlen und wertlos gewordenem Schmuck neben dem mit Brillanten verzierten Stiel des Sonnenschirms des Prinzen und seinen Kleidungsstücken auf dem Boden. Schließlich tauchte ein Meteor über der Stadt auf und verschwand im Dunkeln. Der Gott der Berge, Meru, erbebte. Sonne, Mond und Sterne fielen auf die Erde, Bäume wurden entwurzelt und emporgeschleudert, die Berge drohten einzustürzen. Wassermassen brachen sintflutartig über den Palast herein und trugen den wertvollen Besitz des Prinzen davon.

»Die verschiedenen Traumbilder«, deutet der Bestsellerautor Jacques Bergier, »besagten zunächst einmal, daß der künftige Buddha sein Leben in Luxus aufgeben und als Mönch durch die Lande ziehen werde. Seine Trennung vom Elternhaus, sein Abschied von der Frau, zeichneten sich in Traumbildern ab. Gopas Traum wirkt auf den ersten Blick negativ, zerstörerisch. Er läßt sich aber im buddhistischen Sinne positiv erklären. Demnach bedeuten Träume das Gegenteil dessen, was sie zunächst auszusagen scheinen. Nicht bittere Armut wurde der Gopa vorhergesagt, sondern Befreiung von Kummer, ihr Eintritt in die vollkommene Seligkeit.«

Besonders positiv sei der Traum von Buddhas Mutter zu verstehen. Er handle davon, daß ein »Herrscher« geboren werde, der aber – anders als andere Regenten – nicht Krieg und Gewalt auf die Welt bringen werde, sondern Frieden. »Damit«, so Bergier, »war der Kern der religiösen Botschaft des Buddhismus umrissen. Höchstes Glück erfährt der Mensch, der erkennt, daß seine Sehnsüchte nach Besitz, daß seine Wünsche nach äußerem Reichtum und Wohlstand Ursache für Kummer und Sorgen sind. Nach Buddha existieren Schmerz und Pein nur auf jener Ebene, die von materiellen Neigungen bestimmt wird. Verläßt der Mensch – etwa durch einen asketischen Lebenswandel – diese Ebene, wartet vollkommenes Glück auf ihn, das keinen materiellen Besitz mehr benötigt.«

Der Alttestamentler Professor Dr. Georg Fohrer wies darauf hin, daß die Geburt Jesu wie die Buddhas in »Traumgesichten« angekündigt wurde. Als Joseph erfuhr, daß seine junge Frau Maria schwanger war, wollte er sie heimlich verlassen, da das Kind nicht von ihm stammen konnte. Das Evangelium nach Matthäus berichtet (Kapitel 1, Verse 20–21): »Indem er aber also gedachte, siehe, da erschien ihm im Traum ein Engel und sprach: Joseph, du Sohn Davids, fürchte dich nicht, Maria zu dir zu nehmen; denn das in ihr geboren ist, das ist vom Heiligen Geist. Und sie wird einen Sohn gebären, den Namen sollst du Jesus heißen, denn er wird sein Volk retten von ihren Sünden.«

Joseph, so wird weiter berichtet, akzeptierte das Traumbild als eine göttliche Botschaft. Er nahm, vom Schlaf erwacht, Maria zu sich (Verse 24 und 25), »und er berührte sie nicht, bis sie einen Sohn gebar; und hieß seinen Namen Jesus«.

Auch Johannes der Täufer sei wohl, so Professor Fohrer im Gespräch mit mir, auf Jesus im Traum hingewiesen worden. So konnte er, wie es im Evangelium nach Markus heißt, predigen (Kapitel 1, Verse 7 und 8), daß da einer nach ihm kommen werde, der stärker sei als er, dessen Schuhriemen zu binden er nicht würdig genug sei, der nicht mit Wasser, sondern mit dem Heiligen Geist taufen werde.

Auch Maria selbst, so Fohrer, habe Traumvisionen gehabt, die sie als so real empfand, daß sie sie von der Wirklichkeit des Alltags nicht unterscheiden konnte. Ähnlich formulierte der Archäologe Professor Hans Bellamy aus Wien, der sich intensiv mit Fragen der biblischen Schriften auseinandersetzte.

Für den Menschen der Gegenwart sei die Welt der Träume unwirklich, »für die Menschen zur Zeit Jesu war sie genauso wirklich wie der Alltag«.

»Engel erschienen im Traum«, sagt Hans Bellamy, »machten Vorhersagen. Die Menschen waren davon überzeugt, daß ihnen jene himmlischen Wesen höchst real begegnet waren, mit ihnen gesprochen hatten.« So sei die Begegnung Marias mit einem Engel aus heutiger Sicht wohl ein Traum, nach damaligem Empfinden aber greifbare Wirklichkeit gewesen. Das Evangelium nach Lukas vermeldet (1. Kapitel, Verse 28–32): »Und der

Engel kam zu ihr herein und sprach: Gegrüßet seist du, Hochbegnadete! Der Herr ist mit dir! Sie aber erschrak und dachte bei sich selbst: Welch ein Gruß ist das? Und der Engel sprach zu ihr: Fürchte dich nicht, Maria, du hast Gnade bei Gott gefunden. Siehe, du wirst schwanger werden und einen Sohn gebären, des Namen sollst du Jesus heißen. Er wird groß sein und ein Sohn des Höchsten genannt werden; und Gott der Herr wird ihm den Thron seines Vaters David geben.«

Wie bei Buddha wurde das Bild eines weltlichen Herrschers gewählt, um auf einen religiösen »Regenten« hinzuweisen (Vers 33): »Und er wird ein König sein über das Haus Jakob ewiglich, und seines Reiches wird kein Ende sein.«

Bekannt ist die biblische Überlieferung, wonach »Weise aus dem Morgenland«, vermutlich handelte es sich um Astrologen, aufgebrochen waren, um Jesus zu suchen. Sie hatten bei König Herodes vorgesprochen und von ihm den Auftrag erhalten, sich wieder zu melden, sobald sie das neugeborene Kind gefunden hätten. Im Traum erhielten sie die Botschaft, sie sollten Herodes auf keinen Fall neuerlich aufsuchen (Matthäus, Kapitel 2, Verse 11 und 12). Sie gehorchten und »zogen auf einem anderen Weg wieder in ihr Land«.

Von ganz besonderer Bedeutung sind Träume für den Islam. Mohammed (etwa 570–632 n. Chr.) soll der erste Teil des Korans von Gott im Traum diktiert worden sein. Die Einnahme der heiligen Stadt Mekka wurde den Anhängern des Islam ebenfalls in einem Traum des Propheten angekündigt. Und der religiöse Brauch des »Adhan«, der Aufforderung der Gläubigen zum Gebet von den Türmen der Moscheen herab, geht auf einen Traum zurück, den einer von Mohammeds Schülern hatte.

Allmorgendlich versammelte Mohammed Schüler um sich, nicht zuletzt, um mit ihnen über die Träume der Nacht zu sprechen und deren Bedeutung zu erörtern. Wie bei Jesus spielten dabei Engel eine wichtige Rolle, so etwa in der »Nachtreise des Propheten«, die detailliert schriftlich überliefert wurde. Mohammed sah sich schlafend bei Mekka zwischen den Hügeln von Safa und Meeva, als ihm der Engel Gabriel erschien. Das himmlische Wesen vertraute Mohammed seine fliegende Stute Elborak an und befahl ihm, aufzusteigen. »Ich gehorchte, und wir machten uns auf den Weg. In einem kurzen Moment waren wir an den Toren Jerusalems. Elborak hielt an. Ich stieg ab und band sie an Ringen fest, an denen die Propheten gewöhnlich ihre Rösser festbanden. Als ich den Tempel betrat, traf ich Abraham, Moses und Jesus. Ich betete mit ihnen. Als wir unser Gebet beendet hatten, bestieg ich Elborak, und wir setzten die Reise fort. Wir durcheilten die Lüfte mit der Geschwindigkeit eines Blitzes.«

Im ersten Himmel angekommen, klopfte der Engel an. Auf die Frage, wer denn da vor der Pforte stehe, antwortete der Engel: »Gabriel.« Sein Begleiter sei Mohammed, dem seine Mission als Prophet Gottes bereits offenbart worden sei. Die Tür wurde geöffnet, Mohammed dem Adam vorgestellt. Und Adam habe ihn, Mohammed, als »größten aller Propheten« gepriesen: »Der Himmel erfüllt deine Wünsche, mein verehrter Sohn, oh größter aller Propheten!«

Mohammeds Traum stellt die göttliche Legitimation des Propheten dar: In allen dreizehn Himmeln wurde Mohammed von den großen Propheten des Altertums willkommen geheißen und beglückwünscht. Schließlich durfte er sogar Gott, dem Allmächtigen, gegenübertreten. Und von ihm erhielt Mohammed, ähnlich wie Moses auf dem Berge Sinai, konkrete Gebote, wie das religiöse Alltagsleben auszusehen hatte. Zunächst waren die Forderungen Gottes recht hoch. Fünfzigmal am Tag seien Gebete vorzutragen. Das erschien dem Propheten doch etwas übertrieben. Er verhandelte, und Gott willigte schließlich ein, sich mit fünf täglichen Gebeten zu begnügen.

Das Alte Testament unterscheidet zwischen Träumen unterschiedlicher Art. Es berücksichtigt die Tatsache, daß der Mensch auch nächtliche Visionen hat, die nur schwer als Mitteilungen Gottes gedeutet werden könnten. Einerseits verkündete Jahwe, der Gott der Israeliten, selbst (4. Buch Mose, Kapitel 12, Vers 6): »Hört meine Worte: Ist jemand unter euch ein Prophet des Herrn, dem will ich mich kundtun in Gesichten oder will mit ihm reden in Träumen.« Andererseits wird auch von den Träumen des Alltags gesprochen, denen anscheinend keine Bedeutung beigemessen wurde. So heißt es im Buch Hiob (Kapitel 20, Verse 8 und 9): »Wie ein Traum wird er verfliegen und nicht mehr zu finden sein und wie ein Nachtgesicht verschwinden. Das Auge, das ihn gesehen hat, wird ihn nicht mehr sehen.«

Jahwe warnte aber auch vor falschen Träumen. Offensichtlich war es im alten Israel Brauch, daß die Priester und Propheten auch anderer Gottheiten Träume enthüllten. Sie seien falsch, stammten von Betrügern und dürften nicht befolgt werden. Jeremia (Kapitel 29, Vers 9): »Denn sie weissagen euch Lüge in meinem Namen. Ich habe sie nicht gesandt, spricht der Herr.« Ähnlich heißt es beim Propheten Sacharja (Kapitel 10, Vers 2): »Denn die Götzen reden Lüge, und die Wahrsager schauen Trug und erzählen nichtige Träume, und ihr Trösten ist nichts. Darum geht das Volk in die Irre wie eine Herde und ist verschmachtet, weil kein Hirte da ist.«

Jahwe wählte seine Propheten, indem er sich ihnen durch Träume offenbarte. Die Botschaften Jahwes waren von unterschiedlicher Qualität. Manchmal waren es Vorhersagen über die fernere Zukunft wie im Fall von Abraham (1. Buch Mose, Kapitel 14, Verse 12–14), der damals noch Abram hieß: »Als nun die Sonne am Untergehen war, fiel ein tiefer Schlaf auf Abram, und siehe, Schrecken und große Finsternis überfiel ihn. Da sprach der Herr zu Abram: Das sollst du wissen, daß deine Nachkommen werden Fremdlinge sein in einem Lande, das nicht das ihre ist; und da wird man sie zu dienen zwingen und plagen vierhundert Jahre. Aber ich werde das Volk richten, dem sie dienen müssen. Danach sollen sie ausziehen mit großem Gut.« In dieser Vision nahm Jahwe die Knechtschaft der Israeliten in Ägypten, die Plagen, die den Pharao zwingen sollten, das fremde Volk ziehen zu lassen, und die Flucht durch die Wüste ins Gelobte Land vorweg.

Jahwe übermittelte aber auch konkrete Anweisungen, die sich auf die augenblickliche Situation, nicht auf eine ferne Zukunft bezogen. So erteilte er Abimelech, dem König von Gerar, den Befehl, Sara nicht zu berühren. Der Regent gehorchte.

In Traumbildern zeigte sich Gott als Beherrscher der Welt, der über Zeit und Raum regiert, die Geschicke aller Menschen – ob sie an ihn glauben oder nicht – lenkt.

So träumte Joseph, dem Sohn Jakobs, wie seine Brüder sich vor ihm verneigten. Die Botschaft Jahwes bewahrheitete sich: Joseph, durch das Verschulden seiner Brüder als Sklave nach Ägypten verkauft, kam dort zu hohem Ansehen und bekleidete bald eines der wichtigsten Ämter im Lande. Er deutete die Träume des Pharao richtig, dem ebenfalls Zukunftsbilder im Schlaf – verschlüsselt – vermittelt worden waren. Auch der Pharao glaubte an die Prophetie der Träume und lagerte reichlich Vorräte ein, als die Ernten üppig ausfielen. So stand in den folgenden Jahren der Not ausreichend Getreide zur Verfügung. Josephs Brüder erschienen als Bittsteller und verneigten sich ehrerbietig vor ihrem verstoßenen Bruder, just, wie dieser es als Jüngling im Traum gesehen hatte (1. Buch Mose, Kapitel 42, Verse 1–3, 5–9).

Glaubens- oder Weltbilder wurden ebenfalls im Traum bestätigt. Das gilt für die Vision Jakobs, die ihm im Traum geschickt wurde (1. Buch Mose, Kapitel 28, Verse 10–19). Er sah die Welt in ihrer Gesamtheit, bestehend aus dem Irdischen und dem Himmlischen. Im Himmel saß Jahwe umringt von Engeln. Sie stiegen im Traum auf einer Leiter zur Erde hinab und zum Himmel hinauf. Über allem aber thronte Gott. Theologen verstehen den Text als Darstellung der »Kommunikation zwischen Himmel und Erde«.

Die Träume des Nebukadnezar – Visionen vom Ersten Weltkrieg?

Nebukadnezar (etwa 605–562 v. Chr.), König der Babylonier, beschäftigte an seinem Hof beamtete Magier. Sie hatten unterschiedliche Aufgaben, unter anderem die Traumdeutung. Zwei prophetische Träume des Herrschers sind überliefert. In einem Traumgesicht (Daniel, Kapitel 2, Verse 29–45) sah er ein metallenes Standbild. Sein Haupt war aus Gold gefertigt, seine Brust und seine Arme bestanden aus Silber, sein Bauch und seine Oberschenkel aus Kupfer, seine Beine aus Eisen und seine Füße aus Eisen und Ton. Schließlich kam »ein Stein ohne Zutun von

Menschenhand vom Berg« herunter, die Statue wurde »zermalmt«. So habe Gott den König wissen lassen, »was dereinst geschehen wird. Der Traum ist zuverlässig und die Deutung ist richtig.« (Vers 45)

Der Herrscher ließ sich die Bedeutung von Daniel erklären. Demnach stand das »Haupt von Gold« für Nebukadnezars eigene Ära. Sein Reich werde aber von aufeinanderfolgenden Imperien abgelöst, die nur von kurzer Dauer seien. In seinem zweiten Traum sah Nebukadnezar (Daniel, Kapitel 4, Verse 1–34) einen gewaltigen Baum, der gefällt am Boden lag. Sein mächtiger Wurzelstock sollte für »sieben Zeiten« von einem »Band aus Eisen und Kupfer« umschlossen bleiben. Daniel sah in der Vision einen Hinweis auf den Geisteszustand des Königs. Sieben Jahre lang werde der Herrscher verwirrt sein, dann werde er Jahwe als Weltherrscher und obersten Gott anerkennen, seine getrübten Sinne würden wieder klar werden.

Der Prophet Daniel selbst hatte auch einen Traum, der im Zusammenhang mit den beiden Visionen Nebukadnezars gesehen werden muß (Daniel, Kapitel 7, Vers 1 und Kapitel 3, Vers 19). Vier furchteinflößende Tiere entstiegen den Fluten des Meeres. Versinnbildlichten sie vier Regierungen, vier Reiche?

Die Interpretation der Träume ist umstritten. Es ist aber durchaus möglich, sie konkret in Zahlen auszudrücken. Die Dauer des biblischen Jahres entsprach 360 Tagen. Nach dem Text der Offenbarung (Kapitel 12, Verse 6 und 14) wurden dreieinhalb Zeiten oder Jahre tausendzweihundertundsechzig Tagen gleichgesetzt. Sieben Zeiten oder Jahre entsprachen somit nach dem Verständnis der Bibel 2520 Tagen.

Im 4. Buch Mose (Kapitel 14, Vers 34) findet sich nun ein seltsamer Hinweis, der zur Entschlüsselung des Nebukadnezar-Traums herangezogen werden kann: »Je ein Tag soll ein Jahr gelten.« Diese Gleichsetzung taucht ein weiteres Mal im Alten Testament auf. Beim Propheten Hesekiel (Kapitel 4, Vers 6) heißt es: »Denn ich gebe dir hier auch je einen Tag für ein Jahr.« Sollte das bedeuten, daß die 2520 Tage 2520 Jahre bedeuten?

Rechnet man nun vom vermutlichen Geburtsjahr Nebukadnezars, also dem Beginn der »goldenen Ära«, 2520 Jahre weiter, so ergibt sich ein Jahr, das von großer historischer Bedeutung sein sollte: 1914. In diesem Jahr brach der Erste Weltkrieg aus. Sollte tatsächlich der prophetische Traum des babylonischen Imperators auf eben diesen Krieg der Nationen hinweisen?

Bereits im Jahre 1880 ging der Begründer der »Zeugen Jehovas«, Charles T. Russel, in der Zeitschrift »The Watch Tower« von eben dieser Interpretation aus und behauptete, im Jahre 1914 werde Gott »alle diese Königreiche zermalmen und zerstören«. Bestätigte sich diese Interpretation von Nebukadnezars Traum nicht mit dem Ausbruch des Ersten Weltkrieges in geradezu tragischer Weise? Am 30. August 1914 jedenfalls schrieb die New Yorker Zeitung »The World« in einem ausführlichen Artikel einer Sonderbeilage zum Blatt: »Durch den entsetzlichen Kriegsausbruch in Europa ist eine außergewöhnliche Prophezeiung in Erfüllung gegangen.«

Xerxes, Hannibal und Caesar – Träume entscheiden die Politik

Man mag einwenden, daß Menschen, die ihr Tun und Handeln nach magisch-religiösen Wertvorstellungen ausrichten, die sich dazu berufen fühlen, die Zeitgenossen auf den wahren Tugendpfad der Frömmigkeit zurückzuführen, eher dazu neigen, Träume als Mitteilungen Gottes anzunehmen und zu befolgen. Es gibt aber zahlreiche Hinweise auf mächtige Herrscher der Weltgeschichte, die – dem Abergläubischen alles andere als verfallen – ebenfalls bedeutsame Traumvisionen hatten, nach denen sie ihre Entscheidungen trafen.

So wissen wir, daß Xerxes um 480 v. Chr. einen Feldzug gegen Griechenland begann. Weniger bekannt ist freilich, daß Traumvisionen dafür verantwortlich waren, daß es tatsächlich zum Kriege kam. Der junge Herrscher lag seit Wochen im Streit mit seinen Beratern, drängte darauf, daß eine Invasion eingeleitet werden müsse. Die Berater rieten dringend ab. Zunächst hörte der Herrscher auf sie, beendete bereits begonnene Vorbereitungen. Dann aber hatte er einen Traum. Er sah einen »großen Mann, von vornehmer Gestalt« an seiner Bettstatt stehen. Der machte ihm Vorwürfe, kritisierte ihn, weil er sich leichtfertig habe davon abbringen lassen, Griechenland einzunehmen. »Du mußt den Weg gehen, den du gewählt hast!« ermahnte ihn die Traumgestalt.

Xerxes war zwar stark beeindruckt, aber am folgenden Tag beim Treffen mit seinen Beratern und Ministern verkündete er, daß er trotz des Traums von einem Angriffskrieg absehen wolle. Der Entschluß hatte wieder einen Traum zur Folge. Die ehrfurchteinflößende Gestalt, die schon in der Nacht zuvor zu ihm gesprochen hatte, tauchte wieder auf. »Wenn du diesen Krieg nicht unternimmst, dann wirst du ebenso schnell wieder erniedrigt, wie du erhöht worden bist!«

Hatte Xerxes eine falsche Entscheidung getroffen? Er war noch unschlüssig. Schließlich ließ er einen seiner wichtigsten Berater, Artabanus, kommen. Er unterbreitete ihm folgenden Vorschlag. Artabanus sollte Xerxes' Stelle einnehmen, auf seinem Thron sitzen, in seinem Bett schlafen. Würde auch der Berater den Traum haben? Würde auch ihm die »Gestalt« raten, in den Krieg zu ziehen? Artabanus brachte Einwände vor. Wenn der Traum tatsächlich eine Botschaft göttlichen Ursprungs sei, dann würde sich der Himmlische wohl nicht hinters Licht führen lassen, nie und nimmer den Berater im Bett des Imperators für den Herrscher selbst halten. Xerxes aber ließ sich nicht beirren, der Berater mußte gehorchen. Er legte also die kostbaren Gewänder des Königs an, saß auf seinem prachtvollen Thron, nahm die Insignien der Herrscherwürde an sich, schlief im Bett des Xerxes.

Kaum war er eingeschlafen, erschien die Traumgestalt. Sie machte dem Berater Vorwürfe. Auf keinen Fall dürfe er Xerxes davon abhalten, endlich Griechenland anzugreifen. Um seinen Worten Nachdruck zu verleihen, zückte der Mann ein glühendes Eisen, schickte sich an, Artabanus die Augen auszubrennen. Entsetzt wachte dieser auf. Sofort begab er sich zum König und

Der Traum ist eine Begegnung mit geheimnisvollen Kräften und Wesen.

Das Unmögliche wird im Traum Wirklichkeit. Alice trifft im Wunderland der Träume sogar eine philosophierende Raupe.

Gehirnforscher haben herausgefunden, daß Katzen Träume wie Endekkungsreisen verarbeiten.

Im Hypogäum, einem unterirdischer Tempel auf der Mittelmeerinsel Malta, wurde in der Steinzeit eine „schlafende Göttin" verehrt.

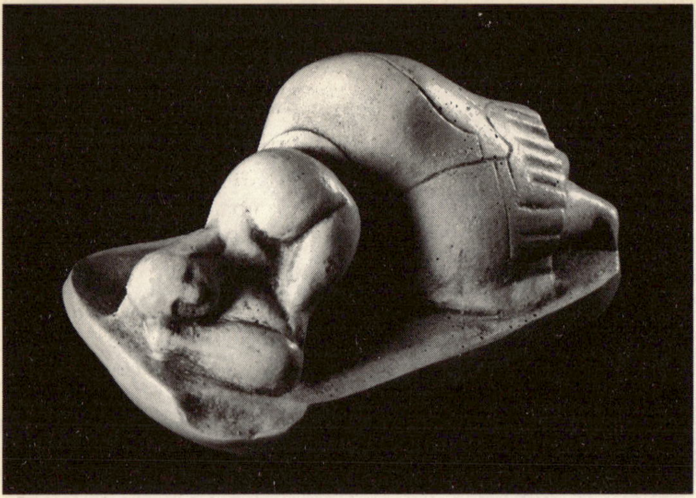

Die „schlafende Göttin“ von Malta war vielleicht eine Priesterin, die im Traum die Zukunft vorhersagte.

Der biblische Prophet Daniel träumte von furchtbaren Wesen, die dem Meer entstiegen. War das eine Vorausschau künftiger Kriege?

erklärte reuevoll, sich geirrt zu haben, ab sofort werde er die Angriffspläne unterstützen.

Griechenland wurde angegriffen, die Hauptstadt Athen im Sturm genommen und geplündert. Damit endeten aber die visionären Träume des Xerxes keineswegs. In einer weiteren nächtlichen Vision sah er sich selbst. Er trug eine kurios anmutende Krone: einen prachtvollen Olivenbaum mit gewaltigen grünen Ästen, die die gesamte bekannte Erde bedeckten. Urplötzlich löste sich dann die Krone auf. Vermutlich deuteten die Berater den Traum falsch oder nicht vollständig. Sie sagten ihm weitere kriegerische Erfolge vorher, die sich tatsächlich einstellten. Das Verschwinden der grünen Krone aber deutete doch ganz klar auf ein Verblassen seiner Macht, ja auf ein Ende seiner Königswürde hin. Tatsächlich endete der Feldzug gegen Griechenland für Persien in einer Katastrophe.

Hannibal, karthagischer Feldherr und Staatsmann (247–183 v. Chr.), wurde anno 221 v. Chr. von seinem Vater Hamilkar in Spanien zum Oberbefehlshaber des Heeres ausgerufen. 219 v. Chr. eroberte er die Stadt Sagunt, die mit Rom verbündet war. Daraufhin erklärte Rom Karthago den Krieg. Hannibal überlegte, ob er es denn wagen dürfe, das mächtige Imperium Romanum anzugreifen. Ein Traum gab ihm Gewißheit.

Der römische Geschichtsschreiber Valerius Maximus berichtet, Hannibal habe einen rasenden Haß gegen alles Römische empfunden. Im Traum sei ihm eine engelartige Gestalt erschienen. Der jugendlich wirkende Mann erklärte mit fester Stimme, er sei von höchster Stelle autorisiert, sei direkt vom Himmel gesandt worden, wo man darüber informiert sei, wie zögerlich der Truppenführer seine Kriegspläne betreibe. Der Traumbote machte ihm Mut, er solle nur so rasch wie möglich mit seinen Truppen Italien überfallen, der Sieg sei gewiß.

Kaum hatte der Engel seine Rede beendet, nahm Hannibal hinter sich eine Bewegung wahr. Er drehte sich um und sah eine furchteinflößende Schlange, die im Zorn wütete und jedes Hindernis, das sich ihr in den Weg stellte, vernichtete. Schließlich zuckten Blitze herab und zerfetzten das Ungeheuer.

Hannibal wollte nun von seinem Traumbesucher wissen, was

denn diese seltsame, ja angsteinflößende Szene zu bedeuten habe. Die Antwort lautete: »Hannibal, du sahest den Niedergang Italiens, du sahest die Schrecken, die auf jenes Land zukommen. Geh hin, vollende das Schicksal!«

Hannibal wähnte sich nun als von den Göttern bestimmter Zerstörer Roms. Mit seinen Truppen überquerte er die Pyrenäen und die Alpen. Bereits 218 v. Chr. stand er in Italiens Norden, die römischen Heere, die sich ihm entgegenstellten, besiegte er 218 v. Chr. am Fluß Trebia und 217 v. Chr. am Trasimenischen See. Total war sein Sieg von Cannae im Jahre 216 v. Chr. Hannibal wähnte sich schon als Sieger, schlug Rom Verhandlungen vor, meinte, der Feind müsse jetzt kapitulieren. Es gelang dem römischen Feldherrn Q. Fabius Maximus Cunctator, Hannibal in kleinere Gefechte zu verwickeln, eine entscheidende Großschlacht, bei der Rom verloren hätte, zu vermeiden.

Hannibals Politik änderte sich. Er setzte auf Bündnisse mit Makedonien (215 v. Chr. mit Philipp V.) und Syrakus (214 v. Chr.). Ein karthagisches Heer eilte ihm zu Hilfe, doch große Erfolge stellten sich nicht mehr ein. Dabei stand der Sieg eigentlich unmittelbar bevor, als 211 v. Chr. Hannibal vor Rom stand. Die Bürger der belagerten Stadt sahen sich bereits besiegt. »Hannibal ante portas!« – »Hannibal vor den Toren!« ging als Schreckensruf durch die Straßen. Doch Hannibal sah davon ab, die Stadt einzunehmen. 203 v. Chr. mußte er nach Afrika zurück, weil Karthago von P. Cornelius Scipio bedroht wurde. Er plante zwar weitere Angriffe auf das Römische Imperium, konnte sie aber nicht mehr verwirklichen.

Im nachhinein beurteilt, scheint sich Hannibals Traum bewahrheitet zu haben. Freilich scheint die Erklärung der alles zerstörenden Schlange, die das militärische Genie von der Traumgestalt erhielt, falsch gewesen zu sein. Stellte die Schlange nicht den Untergang Roms, sondern Hannibals eigenes Ende dar?

Nach einer längeren Phase der Triumphe begann Hannibals Niedergang. 202 v. Chr. wurde er bei Zama von Scipio geschlagen. Politische Gegner vertrieben ihn schließlich aus der Heimat, er mußte fliehen. 195 v. Chr. bemühte er sich um die Gunst von Antiochos III., konnte aber seine ehrgeizigen Pläne nicht verwirklichen. Als die Römer 190 v. Chr. Antiochos bei Magnesia besiegten, sah er wieder nur in der Flucht einen Ausweg. Vorübergehend fand er Schutz bei Prusias I., König des kleinasiatischen Bithynien. Rom blieb ihm aber auf den Fersen, schickte Gesandte und forderte seine Auslieferung. 183 v. Chr. beging Hannibal Selbstmord. Damit erfüllte sich die Traumvision: Die wütende Schlange Hannibal war tot.

Auch Gaius Julius Caesar (100–44 v. Chr.) hatte einen Wahrtraum der symbolischen Art, den er selbst deutete.

68 v. Chr. wurde Caesar Questor in Spanien, 65 v. Chr. veranstaltete er in Rom prachtvolle Spiele, 63 v. Chr. wurde er zum Pontifex Maximus ernannt. 59 v. Chr. wurde er Konsul, 58 v. Chr. ging er als Prokonsul nach Gallien, setzte die Verlängerung seiner abgelaufenen Amtszeit bis 51 v. Chr. durch. Seine militärischen Erfolge waren immens. Er unterwarf das Gebiet des heutigen Frankreich, von Belgien und den Niederlanden bis zum Rhein. 55 v. Chr. überschritt er den Rhein, drang in germanisches Gebiet vor.

Der römische Senat beobachtete seinen Aufstieg zu immer größerer Machtfülle mit Besorgnis. Als er sich, nachdem er den Gallier Vercingetorix besiegt hatte, 48. v. Chr. neuerlich und in Abwesenheit um das Amt eines Konsuls bewarb, entschied sich der Senat gegen den »Emporkömmling«. Er müsse in Gallien bleiben, dürfe nicht nach Rom zurückkehren und solle sein starkes Heer entlassen. Pompeius und einige andere Männer bekamen diktatorische Vollmachten.

Jetzt stand Caesar vor einer der wichtigsten Entscheidungen seines Lebens. Sollte er sich fügen oder in Rom einmarschieren? Noch war er unschlüssig, doch da hatte er einen merkwürdigen Traum. Er sah sich beim Intimverkehr mit der eigenen Mutter. Was Sigmund Freud gewiß als einen Ödipuskomplex gedeutet hätte, als die Sehnsucht des Mannes nach dem Besitz der eigenen Mutter, sah Caesar als symbolhaftes Bild. Die Gestalt seiner Mutter im Traum setzte er mit Rom gleich. Er verstand seine nächtliche Vision als Auftrag, Rom zu überfallen und zu schänden. So überschritt er den Rubicon-Fluß, die damalige Grenze zwischen Italien und der Provinz Gallia Cisalpina, unterwarf in nur zwei Monaten Italien und nahm Rom ein. 48 v. Chr. setzte er, Pompeius herausfordernd, nach Epirus über, besiegte den nach Griechenland Geflohenen bei Pharsalos in Thessalien. Pompeius entkam nach Ägypten und wurde dort ermordet. Caesar ließ Alexandria besetzen und griff in die Machtpolitik Ägyptens ein. 47 v. Chr. setzte er Kleopatra als Königin von Ägypten ein.

Weitere militärische Siege machten Caesar zum mächtigsten Mann Roms, sehr zum Verdruß der Republikaner. Sie befürchteten, Caesar werde das Römische Reich bald als persönlichen Besitz ansehen, wie ein Gutsherr seine Ländereien verwalten. So tat sich schließlich eine Verschwörergruppe zusammen. Caesar wurde unter der Führung von Marcus Brutus »an den Iden des März«, also am 15. März 44 v. Chr., in Rom erstochen.

Die Kraft der Träume mag auch für die Mächtigen der Weltgeschichte wie Xerxes, Hannibal und Caesar eine magische gewesen sein. Sie standen aber dem Geheimnisvollen unvoreingenommen gegenüber. Botschaften der Seele nahmen sie nicht nur unbewußt wahr. Sie hörten auf sie, wenn Entscheidungen von fundamentaler Bedeutung anstanden. Bilder von den Folgen ihrer Handlungen wurden ihnen vermittelt. Manchmal wurden sie mißverstanden, zu positiv gesehen. Xerxes und Hannibal sahen ihr eigenes Ende vorher, wollten es aber nicht wahrhaben.

Träume von Tod und Verderben

Prophetische Träume können symbolhaft verschlüsselt sein, sie können aber auch die Zukunft in allen Details vorwegnehmen. Symbolhaft war Napoleon Bonapartes Traum in der Nacht vor der Schlacht bei Waterloo: Am 17. Juni 1815 sah der berühmte Korse in einer bedrückenden Traumvision eine pechschwarze Katze, die ziellos zwischen den verschiedenen Truppenverbänden hin- und herrannte. Einen Tag später war das Schicksal des berühmten Kaisers endgültig besiegelt. Seine Truppen erlitten eine totale Niederlage. Symbolhaft war auch der Traum von Königin Marie-Antoinette, der Frau Ludwigs XVI.: Eine blutrote Sonne ging über einer imposant wirkenden Säule auf, die unter den gleißenden Strahlen in sich zusammenbrach. War der Dame aus dem Hochadel so ihre Hinrichtung vom 16. Oktober 1793 vorab »mitgeteilt« worden?

Konkreter waren schon die Traumbilder Richards des III. (1452–1485). Der Bruder König Eduards des IV. und Herzog von Gloucester ließ sich zum König ernennen, wahrscheinlich seine thronberechtigten Neffen Eduard (1470–1483) und Richard (1472–1483) ermorden. In einem Traum, der den Monarchen sehr beunruhigte, sah er »entsetzliche, furchtbare Bilder wie von bösen Geistern« tanzen. 1485 fiel er in der Schlacht von Bosworth.

Am 8. Juni 1886 war das Schicksal des bayerischen Königs Ludwig II. besiegelt. Er wurde für »verrückt« erklärt. Ein Monarch, der lieber prächtige Schlösser errichten ließ als für ein Vielfaches der Gelder blutige Kriege zu führen, konnte in den Augen seiner Feinde nicht ganz bei Sinnen sein. Am 10. Juni 1886 übernahm Prinz Luitpold die Königswürde. Ludwig II. wurde an den Starnberger See geschafft, als Gefangener in Schloß Berg untergebracht. Begleitet wurde er vom Psychiater Dr. Bernhard Alois von Gudden aus München.

Fünf Tage später, am frühen Morgen des 13. Juni 1886, enthüllte von Gudden seiner Frau und einem Freund, dem Fürsten Philipp zu Eulenburg-Hertefeld, einen gespenstischen Traum: »Ich sah mich im Wasser, in einem See. Ich rang mit einem hünenhaften Mann. Es war ein entsetzlicher Kampf. Ich habe eine Höllenangst ausgestanden.« Stunden später sollte sich diese Traumvision erfüllen. Ludwig II. ging, begleitet von seinem Psychiater, am See spazieren. Er muß in die Fluten des Sees gelaufen, vom Arzt verfolgt worden sein. Im Wasser kämpften die Männer, beide ertranken.

Höchst plastisch war auch der Traum des Bischofs Josef Lanyi, des Lehrers von Erzherzog Franz Ferdinand, der 1914 in Sarajewo ermordet wurde. In seinem Traum öffnete der Kirchenmann einen Brief. Er entnahm einen beschriebenen Bogen und erschrak. Im Briefkopf sah er lebende Bilder von einem Automobil. Die Insassen waren zu erkennen: der Erzherzog, seine Gemahlin, zwei hohe Offiziere. Am Straßenrand standen dichtgedrängt viele Menschen. Aus ihren Reihen sprangen zwei Männer, schossen auf das Thronfolgerpaar.

Bischof Josef Lanyi las, noch im Traum, den Text des Briefes. Er war in der ihm wohlvertrauten Handschrift des Erzherzogs verfaßt. Da stand: »Euer Bischöfliche Gnaden! Lieber Dr. Lanyi! Teile Ihnen hierdurch mit, daß ich heute mit meiner Frau in Sarajewo als Opfer eines politischen Meuchelmordes falle. Wir empfehlen uns Ihren frommen Gebeten und heiligen Meßopfern und bitten Sie, unseren armen Kindern auch fernerhin in Liebe und Treue so ergeben zu bleiben wie bisher. Herzlich grüßt Sie Ihr Erzherzog Franz.«

Lincolns Traum vom eigenen Tod

Erschreckend konkret indes war ein Alptraum des Präsidenten der Vereinigten Staaten von Amerika, Abraham Lincoln. Ein ehemaliger Mitarbeiter aus Lincolns Anwaltszeit, der Jurist Ward Hill Lamon, berichtete darüber in seinem Buch »Recollections of Abraham Lincoln« (Chicago 1895).

Ward Hill Lamon bekleidete während des Bürgerkrieges den verantwortungsvollen Posten des Polizeidirektors von Columbia. Nachdem ihm der Präsident, sichtlich beunruhigt, von seinem Traum berichtet hatte, machte sich Lamon Notizen, die er später in seinem Buch »Erinnerungen an Abraham Lincoln« verarbeitete: »Das bestürzendste Ereignis im Leben Mr. Lincolns war ein Traum, den er nur wenige Tage vor seiner Ermordung hatte. Er war für ihn von ungeheuerlicher Tragweite, und ganz sicher hat selten eine Vision eine schreckliche Realität so widergespiegelt wie diese.«

Mehrere Tage hatte der Präsident seinen Alptraum für sich behalten, schließlich seine Frau dann doch – erst recht zögerlich – eingeweiht: »Es scheint merkwürdig, daß in der Bibel so viel von Träumen die Rede ist. Es gibt, glaube ich, im Alten Testament ungefähr sechzehn Kapitel und vier im Neuen Testament, in denen Träume erwähnt werden. Außerdem finden sich überall in dem Buch verstreut Visionen. Wenn wir der Bibel glauben, müssen wir die Tatsache als gegeben hinnehmen, daß in frühen Zeiten Gott und seine Engel den Menschen im Schlaf erschienen und sich ihnen in Träumen offenbarten. Heutzutage hält man Träume für überaus albern, und außer alten Frauen und jungen Liebhabern erzählt kaum noch jemand einen Traum.«

Der Präsidentengattin fiel auf, wie »schrecklich ernst« ihr Mann wirkte. Besorgt fragte sie ihn, ob er denn an Träume glaube. Nach den Aufzeichnungen von Ward Hill Lamon antwortete Lincoln: »Ich weiß es nicht genau, aber ich hatte vor ein paar Nächten einen, der mich seither ständig verfolgt. Als ich danach zum ersten Mal wieder die Bibel aufschlug, traf ich dabei ganz zufällig – so merkwürdig dies auch erscheinen mag – auf das 28. Kapitel der Genesis, in dem der wunderbare Traum Jakobs erzählt wird. Ich blätterte weiter und schien – wohin ich auch nur blickte – stets auf einen Traum oder eine Vision zu stoßen. Ich blätterte immer weiter, und überall fiel mein Blick auf Stellen, in denen von Dingen die Rede war, die auf merkwürdige Weise mit meinen eigenen Gedanken übereinstimmten – Heimsuchungen durch übernatürliche Mächte, Träume, Visionen und so weiter.«

Endlich enthüllte er seine eigene Traumvision, die ihn wiederholt heimgesucht hatte: »Vor ungefähr zehn Tagen ging ich sehr spät zu Bett. Schon nach kurzer Zeit schlief ich ein, denn ich war müde. Ich begann bald zu träumen. Um mich herum schien totenähnliche Stille. Dann hörte ich plötzlich gedämpftes Schluchzen, so, als weinten viele Menschen. Ich glaubte, mein Bett zu verlassen und nach unten zu gehen. Dort wurde die Stille von dem gleichen mitleiderregenden Geschluchze unterbrochen, doch waren die Trauernden unsichtbar. Ich ging von Zimmer zu Zimmer. Nirgends eine Menschenseele, doch verfolgten mich die gleichen traurigen Schmerzenslaute auf meinem Rundgang. Jeder Gegenstand schien mir vertraut, doch wo waren nur die Menschen, die so bekümmert waren, als bräche ihnen das Herz? Ich war ratlos und beunruhigt. Was mochte dies alles bedeuten? Entschlossen, den Grund für dieses so geheimnisvolle und so unheimliche Geschehen herauszufinden, ging ich weiter, bis ich zum Ostzimmer kam und es betrat. Dort wurde ich mit einer schrecklichen Überraschung konfrontiert. Vor mir stand ein Katafalk, und darauf lag eine in Begräbniskleidung gehüllte Leiche. Darum herum standen Soldaten, die Wache hielten. Es waren viele Menschen da, von denen einige trauervoll auf die Leiche blickten, deren Gesicht bedeckt war, andere weinten vor Mitleid.«

Im Traum fragte Lincoln einen der Soldaten, wer denn gestorben sei. Die Antwort lautete: »Der Präsident!«, ein politischer Mörder habe ihn getötet. Die Menge sei in lautes Wehklagen ausgebrochen. Der Präsident erwachte aus seinem Traum.

Die Todesvision, so Lamon, ließ Abraham Lincoln nicht mehr los und verwirrte ihn zutiefst. Als der Präsident am 15. April 1865 von John W. Booth erschossen worden war, bahrte man den Leichnam des Staatsoberhaupts tatsächlich im Ostzimmer des Weißen Hauses auf. Sein Gesicht wurde zeitweise mit einem Tuch bedeckt – um die tödliche Schußverletzung zu verbergen. Trauernde Soldaten umstanden den Katafalk als Ehrenwache für den Ermordeten. Mary Lincolns erste Worte, nachdem sie vom Tod ihres Gatten erfuhr, waren: »So hat sich sein prophetischer Traum also doch erfüllt!«

Die konkrete Todesvision Lincolns war in Erfüllung gegangen. Verständlich wird die Beunruhigung, die der Präsident angesichts seines Traums verspürte, wenn man erfährt, daß ihn während seines gesamten Lebens Träume begleitet hatten, die alle in Erfüllung gegangen waren. So berichtete er einmal, daß er sich schon als Junge, in einer primitiven Hütte von Siedlern im ländlichen Kentucky aufgewachsen, als ersten Mann im Lande gesehen habe. »Mein Traum wurde wahr, wo aber ist der Ruhm? Asche und Blut. Ich habe alles mit schmerzendem Herzen durchgestanden und die Toten um ihre Ruhe auf den Schlachtfeldern beneidet.« Als Staatsmann – darüber gibt es viele Berichte – glaubte er an Traumoffenbarungen, die ihm, immer wenn er vor wichtigen Entscheidungen stand, enthüllten, was die Zukunft bringen werde. Als Christ verstand er solche Visionen nicht als heidnische Magie. Er sah sich wohl eher in der Position eines biblischen Propheten, dem Künftiges offenbart wurde.

Professor Lehmanns Thesen und Präsident Lincolns Traum

Professor Dr. Alfred Lehmann (1858–1921), Direktor des »Psychophysischen Laboratoriums an der Universität Kopenhagen«, beschäftigte sich fast fünfzig Jahre mit den magischen Praktiken der frühen Kulturvölker. 1910 wurde er zum außerordentlichen, 1919 zum ordentlichen Professor ernannt, 1916 konnte er sich seinen Lebenstraum erfüllen und in ein eigenes, als Laboratorium eingerichtetes, großes Gebäude einziehen. »Übersinnliche Phänomene« wie etwa Hellsehen hielt der Gelehrte für Aberglauben. Zeit seines Lebens versuchte er, das scheinbar Unerklärbare plausibel zu machen. Für seine Arbeit »Kritische Untersuchung über die Natur und das Auftreten der Gefühle« erhielt er bereits 1889 die goldene Medaille der »Gesellschaft der Wissenschaften«.

1890 erschien in deutscher Übersetzung die Arbeit »Die Hypnose und die damit verwandten Zustände«. Als Hauptwerk

Professor Lehmanns muß aber »Aberglaube und Zauberei von den ältesten Zeiten bis in die Gegenwart« angesehen werden. Das dänische Original erschien 1896, eine deutsche Übersetzung 1925. Erst posthum wurde »Der Spiritismus und seine sogenannten Beweise« veröffentlicht.

Professor Lehmann war der Ansicht, daß es so etwas wie prophetische Wahrträume nicht geben könne. Wenn Menschen zu der Überzeugung kämen, daß im Traum Vorhergesagtes tatsächlich eingetroffen sei, dann hätten sie unbewußt selbst dazu beigetragen. In »Aberglaube und Zauberei« (Stuttgart 1925, S. 546) führt er ein Beispiel an:

»Eine junge Dame, Frl. L., träumt, daß das Haus brennt; jedoch entsteht kein Schaden durchs Feuer; sie erwacht aber aus Schrecken über eine Stimme, die ihr zuruft, sie solle sich vor einem bestimmten Tag einige Monate später hüten. Sie erzählt den Traum ihrer Umgebung; in derselben befindet sich eine andere jüngere, sehr abergläubische Dame, M., die sich nun in beständiger Furcht vor dem bestimmten Tag befindet. Dieser kommt, ohne daß jemand außer M. an den Tag denkt. Abends werden tatsächlich alle Personen, die sich im Wohnzimmer aufgehalten haben – unter diesen auch L. und M. – krank, und zwar infolge einer Kohlenoxydvergiftung, da die Ofenklappe zur unrichtigen Zeit geschlossen worden war.«

Nach Professor Lehmann ging die Traumvision deshalb – und nur deshalb – in Erfüllung, weil M. aus Furcht vor dem »im Traume angekündigten Feuer« die Erfüllung der Prophezeiung verhindern wollte, deshalb die Ofenklappe schloß und so erst die scheinbare Erfüllung des Traums herbeiführte. Professor Dr. Lehmann: »Dadurch ist sie dann unfreiwillig die Ursache der Kohlenoxydvergiftung geworden. Obwohl diese aber nichts mit dem im Traume geweissagten Feuer zu tun hat, heißt es doch, daß derselbe in Erfüllung gegangen sei. Eine solche unter dem Einfluß einer bestimmten Suggestion stehende Handlung wird oft ausgeführt, ohne daß das Individuum sich derselben und der Motive dazu bewußt ist; es ist deshalb nicht zu verwundern, wenn die betreffende Person nachher jeden Zusammenhang mit dem Vorfalle aufs bestimmteste bestreitet.«

Ist es denkbar, daß Präsident Abraham Lincoln selbst – unbewußt – die Erfüllung seiner eigenen Prophezeiung, also seine eigene Ermordung, verschuldet hat? Kann es sein, daß er, so paradox das scheinen mag, an seinem eigenen gewaltsamen Tod zumindest eine Teilschuld hatte?

Dr. George W. Wilson aus Chicago veröffentlichte im Juni 1940 in der psychoanalytischen Vierteljahresschrift »Imago« eben diese Vermutung: Lincoln habe die Umstände, die zu seiner Ermordung führten, selbst herbeigeführt. So sei der Präsident wiederholt von persönlichen wie politischen Freunden wegen der Sorglosigkeit kritisiert worden, die er an den Tag legte, wenn es um seinen persönlichen Schutz ging. Der Kriegsminister Edwin M. Stanton rügte noch wenige Tage vor der Ermordung Lincolns den Präsidenten scharf. Wenn er nicht dazu in der Lage sei, sich vor möglichen Attentätern zu schützen, dann werde er, Stanton, eine ganze Kompanie von Infanteristen abkommandieren, die mit einer einzigen Aufgabe betraut werden würde: Die Soldaten sollten den Präsidenten schützen.

Lincoln lehnte das Ansinnen in einem Gespräch am 13. oder 14. April 1865 energisch ab, also nur Stunden vor seiner Ermordung. Um aber seinen Kriegsminister nicht vollkommen zu brüskieren, willigte der Präsident schließlich ein, sich beim Besuch des Ford-Theaters von einem einzigen Mann beschützen zu lassen. Umstritten ist, wer den »Sicherheitsposten« auswählte. War es Lincoln selbst? Es ist wohl eine zu kühne Behauptung, wenn man unterstellen wollte, daß der führende Mann Amerikas bewußt einen unzuverlässigen, unerfahrenen Ex-Polizeibeamten zu seiner Bewachung bestimmte, um es seinem Attentäter so leicht wie möglich zu machen, ihn zu ermorden! Tatsächlich konnte John W. Booth ungehindert in die Präsidentenloge eindringen: Der Wachmann war nicht auf seinem Posten.

Ward Hill Lamon, der in seinen Erinnerungen an Lincoln des Präsidenten Traum so penibel festhielt, schrieb: »So überzeugt er zweifellos von Vorzeichen war, die er für schlüssig hielt, daß er nämlich Macht und Größe gewinnen würde, so war er auch eben wegen dieser Zeichen der festen Überzeugung, daß auf dem Höhepunkt seiner Karriere und seines Ruhms plötzlich alles zu Ende sein würde. Er hat immer geglaubt, daß er durch ein politisches Attentat getötet werden würde, und hat dennoch, trotz dieses entsetzlichen Schicksals, das sein Leben überschattete, nie auch nur für einen kurzen Augenblick den Mut verloren.«

Auch Dr. Ira Progoff vermutete, daß Lincoln unbewußt sein Schicksal heraufbeschwor. Er habe es hingenommen, daß sein Tod vorherbestimmt sei, genauso wie es sein Schicksal gewesen sei, als Präsident der Vereinigten Staaten von Amerika gegen die Versklavung der schwarzen Bevölkerung des Landes einzutreten.

Hoimar von Ditfurth war ein Nachfolger im Geiste von Professor Dr. Alfred Lehmann. In zahlreichen Fernsehsendungen versuchte er, vermeintlich übersinnliche Phänomene als Schwindel und Humbug darzustellen. In seinen letzten Lebensjahren aber kam der Gelehrte immer mehr zu der Überzeugung, daß es vielleicht doch so etwas wie ein Schicksal gebe, das dem einzelnen Menschen vorherbestimmt sei. Am Rande der Frankfurter Buchmesse fand ich Gelegenheit, mit Hoimar von Ditfurth über den Todestraum von Abraham Lincoln zu sprechen. Von Ditfurth hielt es für eine »nicht zu akzeptierende Vorstellung«, daß der Präsident seinen eigenen Tod »herbeiführte«. »Vielleicht war er in gewissem Umfang ›abergläubisch‹. Vielleicht sah er das Künftige als unabwendbar an, meinte, es hinnehmen zu müssen. Mag sein, daß er so etwas wie eine magische Vorstellung von der Zukunft hatte. Daß er an so etwas wie einen ›magischen Spruch‹ glaubte, der sein Ende bereits festgelegt hatte. Aber sein Traum muß nach wie vor als eine prophetische Vorwegnahme von Ereignissen angesehen werden, die auch tatsächlich eingetroffen sind.«

Der Untergang der Insel Krakatau

Professor Dr. Alfred Lehmann hielt prophetische Träume für ausgeschlossen und unmöglich. In »Aberglaube und Zauberei« schrieb er: »Der Traum und die späteren Ereignisse sind im allgemeinen ganz unabhängig voneinander; erst der Mensch bringt sie unwillkürlich miteinander in Verbindung und findet eine Ähnlichkeit oder Unähnlichkeit heraus, je nachdem er seine Aufmerksamkeit auf die Übereinstimmung beziehungsweise Nichtübereinstimmung des Traumes mit den Ereignissen richtet.«

Prophetische Träume paßten nicht in sein materielles Weltbild. So läßt sich ein Großteil des Lebenswerks dieses Wissenschaftlers in einem Satz zusammenfassen: Alle vermeintlichen Vorhersagen sind in Wirklichkeit keine echten Prophezeiungen. Eine Grundsatzaussage aber muß – so lautet das wissenschaftliche Prinzip – als widerlegt angesehen werden, wenn sich nur ein einziges Gegenbeispiel anführen läßt.

Wird behauptet, alle Raben seien schwarz, dann gilt diese Regel nur so lange, bis sich ein einziger weißer Rabe findet. »Es gibt keine Prophezeiung im Traum!« muß dann als falsche Behauptung, als ungültige Verallgemeinerung angesehen werden, sobald sich ein einziges Gegenbeispiel anführen läßt. Solche Beispiele gibt es.

In der Nacht vom 28. auf den 29. August 1883 hatte der amerikanische Journalist Byron Some einen entsetzlichen Traum. Schweißgebadet wachte er, nachdem er bei Recherchen im Leseraum der Zeitschrift Boston Globe eingenickt war, auf. Es war bereits drei Uhr morgens. Some wischte sich den Schlaf aus den Augen, wollte hastig nach Hause gehen, da entschloß er sich, noch einige Minuten zu bleiben und seine Traumvision zu Papier zu bringen. Vielleicht würde er einmal einen Artikel daraus machen. So schrieb er auf, was er geträumt hatte, entwarf ein packendes Bild einer wahren Horrorvision.

Die Wellen des Ozeans peitschten gegen das Land, schienen von rasender Wut beseelt zu sein, kochten förmlich. Die Erde tat sich auf und spie enorme Massen glühender Lava aus, ein Vulkan brach aus, flüssiger Stein ergoß sich über Dörfer und Siedlungen. Menschen flohen, schrien in panischer Furcht. Sie konnten ihrem Schicksal nicht entgehen, sie waren dem Tod geweiht, der sie in Minutenbruchteilen ereilen würde.

Heiße Lava und kaltes Wasser trafen aufeinander, Rauchschwaden stiegen zum Himmel, alles war in Aufruhr. Tosender Lärm kündete schreckliches Unheil – und wurde abgelöst von unheimlicher Totenstille. Wo auf einer friedlichen Insel Stunden zuvor Menschen nichtsahnend in den Tag hineingelebt hatten, war nur noch Wasser zu sehen. Ein Vulkanausbruch hatte das Eiland zerstört, die Wogen des Meeres deckten es zu.

Byron Some hatte keineswegs nur einen allgemeinen, wenn auch plastischen Alptraum gehabt. Er wußte, jetzt hellwach, daß er eine ganz bestimmte Insel, ein ganz konkretes Eiland hatte untergehen sehen. Es war die Insel Pralape bei Java, die durch einen enormen Vulkanausbruch vom Erdboden getilgt worden war.

Die Todesschreie der Menschen hallten noch in seinen Ohren nach, verursachten geradezu körperlich spürbare Schmerzen, als der Journalist alle Details hastig zu Papier brachte. Er beschrieb, wie das kleine Fleckchen Erde zerfetzt wurde, wie die Menschen den Lavamassen hilflos ausgeliefert waren, wie die Wassermassen sich gnadenlos über das Eiland ergossen, wie die Insel unter dem Meer versank.

Der klare Traum hatte Byron Somes Gefühle aufs heftigste aufgewühlt. Jetzt, nachdem er alles zu Papier gebracht hatte, fühlte er sich wie ausgelaugt und matt. Er stand auf, schrieb noch das Wort »Wichtig« in großen Lettern über seinen hastig zu Papier gebrachten Text, legte das Manuskript auf seinen Schreibtisch und ging nach Hause.

Er lag zu Hause schlafend in seinem Bett, als die Kollegen der Morgenschicht in die Redaktion des Boston Globe kamen. Sie fanden das Manuskript auf Byron Somes Schreibtisch – und hektische Aktivität setzte ein. »Wo ist denn Some?« schrie der Redaktionschef. Niemand wußte es. »Egal!« entschied der leitende Journalist. »Wir bringen die Meldung auf der Titelseite!« So geschah es dann auch. Der Boston Globe brachte die Meldung von der Naturkatastrophe von Pralape bei Java auf Seite 1. Man schätzte sich glücklich, als erstes Blatt die schlimme Neuigkeit verkünden zu können. Stolz gab man den Bericht – denn für einen solchen hielt man die Traumvision von Byron Some – an die Presseagentur Associated Press weiter. Und die ließ ihn landesweit verbreiten.

Bald aber kehrte Ernüchterung ein. Beim Boston Globe ebenso wie bei Associated Press. Nichts war über einen Vulkanausbruch bekannt. Ja, eine Insel Pralape war auf keinem Atlas zu finden. Associated Press beschwerte sich beim Boston Globe. »Wie konntet ihr so einen Unsinn an uns weitergeben? Die Story ist doch frei erfunden, entbehrt jeder Grundlage!« Der Redaktionsleiter des Boston Globe wäre am liebsten vor Scham im Boden versunken. »Wir werden in der nächsten Ausgabe die Sache richtigstellen«, gab er kleinlaut zu. Byron Some wurde fristlos entlassen, obwohl er in keiner Weise dazu beigetragen hatte, daß sein Traumbericht als Titelstory auf Seite 1 erschienen war.

Während mehrere Journalisten des Boston Globe damit beschäftigt waren, eine Entschuldigung für die sensationelle »Falschmeldung« zu formulieren, trafen merkwürdige Nachrichten ein. Aus Australien wurde vermeldet, in der Nacht habe sich Geheimnisvolles abgespielt. So etwas wie lautes Geschützfeuer sei zu vernehmen gewesen. Man konnte sich das Phänomen zunächst nicht erklären. In den Küstenregionen von Zentral- und Südamerika, hieß es, hatte es gewaltige Sturmfluten gegeben. Irgend etwas mußte irgendwo geschehen sein – was, das stand erst Tage später fest.

Eine der größten Naturkatastrophen der Menschheitsgeschichte hatte die Insel Krakatau in der Sundastraße, zwischen Sumatra und Java, heimgesucht. Zwei Drittel des Eilandes waren durch einen Vulkanausbruch von der Landkarte getilgt worden, 40 000 Menschen auf Sumatra und Java gestorben. Die Erdrinde war aufgebrochen, Meerwasser eingedrungen, hatte eine Explosion ausgelöst, die auf der ganzen Erde zu spüren war. Die ausgelöste Schockwelle raste dreimal um den Globus. Weltweit wurde über die entsetzliche Katastrophe berichtet – und das Tage nachdem die Traumvision von Byron Some im Boston Globe erschienen war.

Der Journalist hatte die entsetzliche Katastrophe bis ins letzte Detail richtig vorhergeträumt. Nur ein Punkt, so schien es, stimmte nicht. Pralape hatte der Reporter das heimgesuchte Eiland genannt. Die zu zwei Dritteln zerstörte Insel aber hieß

Krakatau. Experten der »Holländischen Historischen Gesellschaft« fanden aber heraus, daß ihr ursprünglicher Name anders gelautet hatte: Pralape!

Byron Some hatte, dank der visionären Kraft der Träume, die gewaltige Naturkatastrophe detailgenau vorausgesehen. Er hatte seine Vision beim Erwachen sofort aufgeschrieben. Sein Text war so präzise, daß ihn seine Kollegen für eine Reportage hielten und als Artikel auf Seite 1 des Boston Globe veröffentlichten. Sein Traum war prophetisch, bis ins kleinste Detail zutreffend. Ausgeschlossen ist, daß der Träumer, so wie Professor Dr. Lehmann behauptete, die Erfüllung des Traums erst unbewußt herbeiführte.

Wie sollte der Journalist Byron Some einen der schlimmsten Vulkanausbrüche der Menschheit ausgelöst haben?

Mark Twains prophetischer Traum vom Tod seines Bruders

Mark Twain hieß eigentlich Samuel Langhorne Clemens (1835–1910). Seine Erzählungen über die Erlebnisse von »Tom Sawyer« (1876) und »Huckleberry Finn« (1884) machten ihn weltberühmt. Anno 1858 freilich arbeitete der spätere Erfolgsautor als Lotse auf dem Mississippi-Dampfer »Pennsylvania«. Sein drei Jahre jüngerer Bruder Henry arbeitete als Schreiber auf demselben Boot.

Im Traum sah Samuel Clemens erschreckende Bilder, die ihn sehr beunruhigten. Da war ein schwerer Metallsarg. Zwei Stühle schienen ihn kaum tragen zu können. Im Sarg ruhte der tote Körper von Henry Langhorne. Jemand hatte ihm einen Blumenstrauß auf die Brust gelegt. Auffällig war eine einzelne rote zwischen den übrigen weißen Blüten.

Kurz darauf stritt sich Samuel mit seinem Vorgesetzten, dem Cheflotsen der »Pennsylvania«. Weil er sich nicht entschuldigen wollte, wurde er auf die »Lacey« versetzt. Bruder Henry fuhr auf der »Pennsylvania« weiter. Kurze Zeit später erreichte Samuel eine Schreckensbotschaft: Die »Pennsylvania« war explodiert,

150 Menschen waren bei dem Unglück ums Leben gekommen. Hatte er den Tod seines eigenen Bruders vorhergeträumt? Zunächst sah es nicht so aus. Henry befinde sich nicht unter den Toten, hieß es. Allerdings sei er schwer verletzt, liege mit entsetzlichen Verbrennungen im Lazarett von Memphis.

Samuel Clemens machte sich sofort zum Lazarett auf, wachte sechs Nächte am Krankenlager seines Bruders. Schließlich starb Henry. Erschöpft von den langen Nächten sank Samuel in einen ohnmachtähnlichen Schlaf. Als er wieder zu sich kam, hatten Sanitäter den toten Körper seines Bruders in einen Sarg gelegt. Er war metallen, stand auf zwei Stühlen. Während Samuel erschüttert seinen toten Bruder betrachtete, trat eine Frau hinzu. Sie legte dem Toten einen Strauß Nelken auf die Brust. Es waren weiße Blumen, mit einer roten in der Mitte. Samuel Clemens erkannte, daß sein Traum prophetisch gewesen und bis in alle Einzelheiten eingetroffen war.

Auch im Falle des prophetischen Traums von Samuel Clemens alias Mark Twain kann nicht die Rede davon sein, daß der Träumende einen eigentlich sinnlosen Traum hatte, den er dann selbst unbewußt nachträglich zum Wahrtraum machte. Als geradezu absurd muß die »Erklärung« angesehen werden, wenn es um den Untergang der Titanic geht, der von zahllosen Menschen vorhergeträumt wurde.

Die Titanic wird untergehen

Am 14. April 1912 sank die Titanic auf ihrer Jungfernfahrt, nachdem sie mit einem Eisberg kollidiert war, 1517 Menschen fanden dabei den Tod. Kurioserweise hatte der englische Journalist William T. Stead (1849–1912) das Unglück Jahre zuvor erstaunlich präzise vorhergesehen. Im Magazin »Pall Mall Gazette« veröffentlichte er eine Kurzgeschichte, deren Held, ein reicher Geschäftsmann, durch eine glückliche Schicksalsfügung den Untergang eines Ozeandampfers überlebt. Als Herausgeber des Blatts kommentierte Stead: »Solch ein Unglück kann sehr wohl geschehen, und es wird auch geschehen, und dann werden zu wenig Rettungsboote an Bord sein.« 1893 schrieb Stead selbst eine fiktive »Reportage« mit dem Titel »Von der Alten Welt in die Neue«. Inhalt: Ein tragisches Schiffsunglück, bei dem ein Ozeandampfer einen Eisberg rammt und versinkt.

1911 wandte sich Graf Harmon, ein Medium, das für hellsichtige Träume bekannt war, an William T. Stead. »Ich muß Sie dringend warnen! Ihr Leben ist vom Wasser her bedroht!« Der Journalist gab nichts auf »solchen Unfug«. Vor dem Meer hatte er keine Angst. In seiner Jugend war er zur See gefahren. Später war er Juwelier geworden. Als seine Augen immer schlechter wurden, wandte er sich der Schriftstellerei zu.

Am 11. Juni 1911 präzisierte Graf Harmon: »Treten Sie auf keinen Fall im April 1912 eine Reise an! Fahren Sie nicht über den Ozean!« Jetzt war Stead neugierig geworden, befragte ein weiteres Medium, W. de Kerlor. Auch der erlebte schreckliche Visionen. Er träumte von einem »sinkenden schwarzen Schiff«, von »hilflos im Meer treibenden Passagieren«, von der »eisigen Kälte des Wassers«, die die Menschen erstarren ließ, von ihren »verzweifelten Hilferufen«. William Stead buchte trotzdem einen Platz auf der Titanic. Er gehörte zu den zahlreichen Opfern des Schiffsuntergangs.

1898, fünf Jahre nach Stead, veröffentlichte Morgan Robertson einen Roman mit dem Titel »The Wreck of the Titan« (»Das Wrack des Titan«). Thema des Buches ist ein als unsinkbar geltender Ozeanriese namens Titan. Als Termin für das Unglück wird der Monat April genannt. 14 Jahre später sank die Titanic – im April. Und wie in der Romanvorlage gab es zu wenig Rettungsboote an Bord. Im Roman verließ sich die Reederei auf 20, in der Realität begnügte sich die White Star Linie mit 24 Rettungsbooten. 3000 Passagiere überquerten auf der Titan den Ozean, 2207 waren es auf der Titanic. Beide Schiffe waren erstaunlich schnell: 25 Knoten schaffte der Roman-Ozeanriese, 22 die reale Titanic. 75 000 Bruttoregistertonnen hatte der fiktive Titan, 66 000 in der Wirklichkeit die Titanic. Beide Schiffe waren mit drei gewaltigen Schrauben ausgestattet, beide Schiffe waren ähnlich groß. 251 Meter lang war die Titanic, der Titan hatte nach den Angaben des Romans eine Länge von 270 Metern.

Je näher der Termin für die Jungfernfahrt der Titanic heranrückte, um so mehr Menschen erlebten um so drastischere Visionen von ihrem entsetzlichen Ende. Jack Marshall beobachtete am 10. April 1912 vom Dach seines Hauses auf der Insel Wright die auslaufende Titanic. Plötzlich schrie seine Frau, die neben ihm stand, entsetzt auf. »Da treiben Hunderte von Menschen im eiskalten Wasser! Ich sehe sie zappeln! Seid ihr denn blind, wollt ihr sie alle ertrinken lassen? Die Titanic wird untergehen!«

Joan Marshall, die Tochter der Familie, berichtete später in einem Buch (*Far Memory*, New York 1956), wie gereizt von jenem Tag an die Stimmung in der Familie war. Niemand wagte mehr, das Gespräch auf die Titanic zu lenken, die in jenen Tagen doch in aller Munde war: »Mutter war freilich sehr nervös, Vater recht beunruhigt. Fast kam es uns allen wie eine Erlösung vor, als jedermann wußte, daß die Titanic auf einen Eisberg gelaufen war.«

Schon in früher Kindheit wurde Vincent Newton Turvey, der später weit über die Grenzen Englands als übersinnlich veranlagtes Medium bekannt werden sollte, von furchteinflößenden Visionen und erschreckenden Alpträumen heimgesucht. Die »liebe Verwandtschaft« tuschelte, das Kind verfüge über unheimliche »magische Kräfte«. Als die Titanic in See stach, peinigten ihn Horrorbilder von einem sinkenden Schiff. Grauenhafte Schreckensbilder konnte ein anderer Mann nicht aus seinen Gedanken verdrängen. Es war Charles M. Hays, Präsident der »Grand Trunk Eisenbahngesellschaft«, der mit Magie in welcher Form auch immer nichts zu tun haben wollte.

Auch Major Archibald Butt, ebenfalls ein höchst angesehener Geschäftsmann, wurde von Todesahnungen gequält. Sie waren so deutlich, daß er seiner Schwägerin für den Fall seines Todes letzte Anweisungen gab. Dann trat er, wie geplant, seine Geschäftsreise an. Er fuhr mit dem Ozeandampfer über den Atlantik, von Amerika nach Deutschland. Als die SS Berlin ohne jegliche Zwischenfälle in Europa angekommen war, vergaß Butt seine Befürchtungen. Er hätte auf seine Ahnungen hören sollen. So kam der Geschäftsmann auf der Rückreise von Europa nach

Amerika ums Leben. Er gehörte zu den Opfern der Titanic-Katastrophe.

J. Connon Middleton hatte sich einen Platz auf der Titanic reservieren lassen, wollte zu wichtigen Gesprächen in die USA reisen. Er freute sich schon auf die luxuriöse Reise, da suchten ihn peinigende Angstträume heim, die wiederholt auftraten. Zehn Tage vor der geplanten Abreise sah er das als unsinkbar geltende Schiff im Traum kieloben im Meer driften. Passagiere und Besatzungsmitglieder kämpften in den eisigen Fluten ums Überleben. Sollte er die »Warnung« ernst nehmen? Mr. Middleton war unsicher, entschloß sich dann aber wenige Tage vor der Abfahrt dazu, auf die Seereise zu verzichten. So rettete eine Reihe von Träumen wahrscheinlich sein Leben.

Colin Macdonald war vor dem ersten Weltkrieg ein geachteter Seemann, dessen berufliche Qualifikation nicht nur in Schifffahrtskreisen gerühmt wurde. Er sollte unbedingt zur Mannschaft der Titanic gehören, bekam wiederholt lukrative Angebote. So verlockend ihm auch die Möglichkeit schien, als zweiter Ingenieur auf dem Riesendampfer anzuheuern, er lehnte konsequent alle Offerten ab. Daß man über seine »schlimmen Ahnungen« nur lachte, machte ihm nichts aus. J. Jesketh bekam die eigentlich Macdonald zugedachte Position. Er kam beim Untergang der Titanic ums Leben.

Vierter Ingenieur war Leonard Hodginson. Die Titanic-Passage sollte der Höhepunkt seiner beruflichen Laufbahn werden. Danach wollte er sich mit 65 pensionieren lassen. Den erhofften friedlichen Lebensabend konnte der alte Seebär leider nicht mehr genießen. Etwa einen Tag bevor er im eisigen Meer ertrank, hatte seine damals 14jährige Nichte, die gar nicht wußte, daß ihr Onkel auf der Titanic Dienst tat, einen beängstigenden Traum. Ihre Vision hatte zugleich auch geradezu surrealistische Züge.

Sie sah sich im Heimatstädtchen Hanford, England, spazierengehen. Plötzlich tauchte mitten im grünen Trentham Park ein mächtiges Schiff auf. Deutlich erkannte sie eine Vielzahl von Menschen, die an Bord kreuz und quer umherliefen. Etwas machte ihnen unglaubliche Angst. Sie schienen von Panik ergriffen, kaum noch zu logischem Denken imstande zu sein. Dann versank der Schiffsriese im Park. Der Traum riß das Mädchen aus dem Schlaf. Er kehrte wieder, als sie nach längerer Zeit wieder eingenickt war.

Sie hatte im Traum eine Zukunftsvision vom Untergang der Titanic.

Fragen über Fragen ergeben sich: Wäre die Katastrophe zu vermeiden gewesen, wenn man auf die warnenden Stimmen der Propheten gehört hätte? Können künftige Unglücke vermieden werden, wenn prophetische Stimmen beachtet werden? Ohne Zweifel bietet sich hier der Parapsychologie ein weites Forschungsfeld.

Reisen in der Zeit

Biblische Propheten, aber auch weltliche Herrscher wie Caesar, Hannibal und Xerxes hatten also Traumvisionen von der Zukunft. Abraham Lincoln sah im Traum seinen eigenen Tod vorher, ein Journalist einen entsetzlichen Vulkanausbruch, zahlreiche Menschen den Untergang der Titanic.

Angesichts der Häufung von Traumreisen in die Zukunft stellt sich die entscheidende Frage: Ist ein solches Phänomen überhaupt für einen seriösen Wissenschaftler akzeptabel?

Sind Traumreisen in der Zeit möglich? Ja – meinen Wissenschaftler.

Sigmund Freud (1856–1939) sah Träume als »Tagesreste« an. Der Mensch, so Freud, verarbeitet im Traum Erinnerungen an tatsächliche Begebenheiten aus seiner Vergangenheit. John William Dunne (1875–1949), irischer Luftfahrtingenieur, war da ganz anderer Ansicht. Der Wissenschaftler, der selbst äußerst konkrete Visionen von künftigen Ereignissen im Traum hatte, ging davon aus, daß im Traum die Zeit »umgekehrt« werde, daß der Mensch nicht Erinnerungsfetzen aus der Vergangenheit, sondern aus der Zukunft verarbeitet.

Zu diesem Ergebnis kam auch nach Jahrzehnten der wissenschaftlichen parapsychologischen Forschung Professor Wilhelm Heinrich Carl Tenhaeff, Inhaber des ersten Lehrstuhls für Parapsychologie. Nach Prof. Tenhaeff ist Zeit kein unaufhaltsam vom Gestern ins Morgen fließender Strom. Vielmehr ist es möglich, im Traum Informationen aus der Zukunft zu erhalten.

Carl Gustav Jung (1875–1961), der berühmte Tiefenpsychologe, setzte sich zeit seines Lebens auch mit übersinnlichen

Phänomenen auseinander. Er warnte davor, die »sogenannten okkulten Phänomene« zu belächeln. Außersinnliche Wahrnehmungen waren für Jung Realität. Dabei dachte er sehr konkret auch an Informationen, die auf übersinnlichem Wege aus der Zukunft bezogen werden können. So schrieb Jung 1934: »Eine objektive Sichtung und Kritik läßt feststellen, daß sich Wahrnehmungen ereignen, die teils so vor sich gehen, als ob es keinen Raum gäbe, teils so, als ob es keine Zeit gäbe.« Besonders fasziniert war er von Träumen, die heute Dinge enthüllen, die erst morgen oder übermorgen geschehen werden. Er sprach davon, daß »ein Prinzip akausaler Zusammenhänge, das Raum und Zeit auf Null reduziert« existiert.

Albert Einstein (1879–1955), der das wissenschaftliche Weltbild des 20. Jahrhunderts ganz entscheidend prägte, erklärte, daß »die Teilung zwischen Vergangenheit, Gegenwart und Zukunft als Illusion betrachtet werden muß«.

1974 hielt der amerikanische Physiker Gerald Feinberg auf dem »Internationalen Kongreß für Quantenphysik und Parapsychologie« einen Vortrag. Hauptaussage: Informationsübertragung aus der Zukunft in die Vergangenheit ist möglich.

Der Wissenschaftspublizist Viktor Farkas hält fest, daß es nicht unwissenschaftliche Phantasten sind, die »Erinnerungen an die Zukunft« für möglich halten. Vielmehr gehen viele der fortschrittlichen Denker unseres 20. Jahrhunderts – Einstein, Rosen, Podolsky, Bohm, Bell – davon aus, daß Prophetie wirklich möglich ist. »Natürlich wäre es reizvoll, ins Detail zu gehen«, stellt Farkas in seinem Buch »Unerklärliche Phänomene jenseits des Begreifens« fest, »und spezifische Theorien unter die Lupe zu nehmen. Im Grunde ist es auch von geringer Bedeutung, ob Propheten Tachyonenwellen aus der Zukunft empfangen oder aus möglichen Paralleluniversen, die sich bei jedem Quantensprung von unserem Kosmos abspalten. Vielmehr wollen wir uns mit der Aussage begnügen: Man kann in die Zukunft schauen, es gibt Beweise dafür – und die Wissenschaft hat nichts dagegen.«

Nach Professor Dr. Lehmann wird beim Einschlafen das Ich-Bewußtsein des Menschen ausgeschaltet. Im Wachzustand strömt eine Vielzahl von äußeren Eindrücken auf den Menschen ein. Er kann nur einen kleinen Teil davon verarbeiten, verdrängt die meisten und vergißt sie rasch.

»Im Schlaf entfällt diese Zensur«, fügt Jacques Bergier hinzu, »der Intellekt des Menschen ist ausgeschaltet. Alle Eindrücke werden in ihrer Vielfalt wahrgenommen und können zu Traumbildern führen. So werden auch Bilder aus der Zukunft zu Träumen. Im Wachzustand würden sie verdrängt, weil der ›denkende Mensch‹ Bilder aus der Zukunft für unmöglich hält. Im Schlaf haben solche Bilder aus der Zukunft zumindest die Chance, gesehen zu werden.«

So kann, meint Jacques Bergier, jeder Mensch Zukünftiges vorherträumen. Voraussetzung dafür sei aber, daß er sich seiner Träume erinnert.

Das Traumtagebuch

»Träume sind Schäume«, sagt der Volksmund und meint damit wohl nicht zuletzt auch die Flüchtigkeit von Träumen. Eben ist man erwacht, hatte einen Traum plastisch und mit allen Details vor Augen – und schon ist er wie ausgelöscht. Wenn aber Träume so schnell vergessen werden können, wie soll es dann möglich sein zu überprüfen, ob sie prophetische Botschaften enthielten?

Das ist mit Hilfe eines Traumtagebuchs möglich. Ein solches Tagebuch kann jeder führen. Voraussetzungen sind allerdings etwas Geduld und die Bereitschaft zu lernen.

Nach Jacques Bergier empfiehlt es sich, beim Einschlafen in greifbare Nähe einen Schreibstift und ein Blatt Papier zu legen. Beide Utensilien müssen leicht und ohne jegliche Mühe erreichbar sein.

Es ist wichtig, beim Erwachen möglichst jede Körperbewegung zu vermeiden. Auf keinen Fall darf Licht gemacht werden. Dadurch können schon wichtige Teile des Traums vergessen werden. Die Erfahrung zeigt, daß auch der Klang der eigenen Stimme dazu führt, daß Teile des eben noch frischen Traums

Caesar und Kleopratra, hier auf einem ägyptischen Relief dargestellt, folgten den Weisungen der Träume, wenn sie Entscheidungen treffen mußten.

Gott offenbart sich nach Ansicht vieler Religionen im Traum – wie hier bei Jakob und der Himmelsleiter.

Ohne Deutung versteht der Träumer seinen Traum nicht. Hier erklärt Joseph dem Pharao, welchen Sinn sein Traum von den sieben fetten und den sieben mageren Jahre hatte.

Bei außerkörperlichen Erfahrungen verläßt der Geist den Körper.

In parapsychologischen Labors werden Astralreisen mit modernster Technik untersucht.

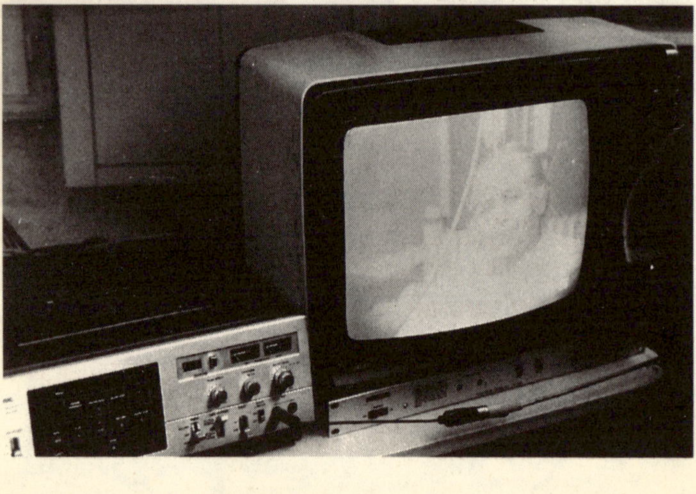

vergessen werden. Es empfiehlt sich also nicht, nach dem Erwachen das Geträumte auf ein Diktiergerät zu sprechen. Die einzig empfehlenswerte Methode ist das Traumtagebuch.

Zunächst kann, ja wird es Mißerfolge geben. Der Traum ist auch ein Hüter des Schlafs. Er gaukelt zuweilen falsche Bilder vor, um den Schlaf zu sichern. Hat das Traumbewußtsein das Gefühl, daß eine Aktion erfolgt, die den Schlaf stören könnte, wird oft ein beruhigender Traum produziert. Beispiel: Der Schlafende ist fest entschlossen, beim nächtlichen Erwachen Träume sorgfältig zu notieren. Am Morgen erwacht er und will nachlesen, was er in der Nacht zuvor aufgeschrieben hat. Deutlich erinnert er sich daran, wie frisch beim Aufwachen der Traum noch in der Erinnerung war. Er fühlt förmlich immer noch, wie er Papier und Stift zur Hand nahm und schrieb. Es stellt sich aber heraus, daß in Wirklichkeit gar kein Traum notiert wurde. Vielmehr erfüllte das Traumbewußtsein einen Wunsch des Wachbewußtseins: Es schenkte einen Traum, in dem ein Traum aufgeschrieben wurde. So konnte der Schlaf ohne Unterbrechung fortgesetzt werden.

Derlei »Mißerfolge« sind durchaus normal und sollten nicht abschrecken. Bald stellt das Führen eines Traumtagebuchs keinerlei Probleme mehr dar.

Bald ist es schon Routine: Aufwachen, im Dunkeln Stift und Papier ergreifen, Traum aufnotieren, wieder einschlafen. Jeder Traumforscher sollte Mut zum Experiment mitbringen – und eine gehörige Portion Geduld. Es ist wichtig, zunächst die idealen Voraussetzungen zu schaffen.

Der eine legt ein Blatt neben sich aufs Bettlaken, dazu einen Stift, der andere zieht es vor, wenn auf der Bettdecke ein kleines Blöckchen wartet, mit einem an einem Bändchen befestigten Kugelschreiber.

Es zeigt sich auch, daß es gar nicht erforderlich ist, nach dem Aufwachen in der Nacht den gesamten Traum Wort für Wort zu protokollieren. Stichworte genügen meist. Beim Aufwachen am Morgen genügt es, diese Worte zu lesen, um den gesamten Traum lebhaft in Erinnerung zu rufen. Er wird freilich im Laufe der nächsten Minuten und Stunden deutlich verblassen.

Der Traumforscher sollte also nach dem Erwachen am Morgen den Traum so ausführlich und detailreich wie möglich zu Papier bringen. Schließlich wird das Protokoll noch mit dem genauen Datum versehen. Nur so ist es möglich zu überprüfen, ob tatsächlich prophetische Träume auftreten. Andernfalls besteht nämlich tatsächlich die Gefahr, daß im Nachhinein Erinnerungen an einen Traum geändert werden, damit die Traumvision nachträglich zu einer Traumprophezeiung wird.

Eigene Experimente

Selbstkritik ist zwingend erforderlich. Stets muß hinterfragt werden: Wurde wirklich ein Ereignis vorhergeträumt? Oder wurde nur ein Traum im »wirklichen Leben« in die Tat umgesetzt? Machte man also aus einem Traum bewußt einen Wahrtraum, indem man ihn ausführte, weil man wollte, daß es sich um einen Wahrtraum handelt?

»Es gibt grundsätzlich zwei Möglichkeiten«, erklärt Jacques Bergier. »Erstens: Man kann ein Traumtagebuch führen und abwarten. Vielleicht zeigt sich dann, ob man prophetische Träume hatte. Zweitens: Man kann ganz bewußt und gezielt experimentieren, sprich prophetische Träume nicht nur abwarten, sondern mit Absicht herbeiführen.« Im Gespräch mit mir schlug der berühmte Autor und Experte auf dem Gebiet des Übersinnlichen einfache Versuche vor, die ohne größeren Aufwand nachvollzogen werden können.

Beispiel: Zeitungsschlagzeilen vorherträumen. Der Traumforscher macht es sich zur Gewohnheit, zu einer bestimmten Tagesstunde die Zeitung zu lesen. Er konzentriert sich dabei auf die Schlagzeilen. Beim Einschlafen visualisiert er nun die Zeitung, stellt sich möglichst plastisch vor, wie die Zeitung zur Hand genommen wird, wie sich das Papier dabei anfühlt. Er stellt sich das leise Knistern des Papiers, den dezenten Geruch der Druckerschwärze vor. Je plastischer alle Begleitumstände des Zeitungslesens beim Einschlafen heraufbeschworen werden, desto besser sind die Ergebnisse beim gezielten Vorherträumen von Schlagzeilen oder gar ganzen Artikeln.

Jacques Bergier wies mich in diesem Zusammenhang darauf hin, daß es unterschiedliche Typen von Traumpropheten gibt. Jeder, der selbst eigene Experimente durchführen möchte, sollte zunächst feststellen, welchem Typus er zuzurechnen ist. Die zwei Haupttypen sind optisch oder akustisch ausgerichtet. Die Träume des einen sind hauptsächlich von Bildern und Visionen bestimmt, die des anderen in erster Linie von Geräuschen und gesprochenen Worten.

Experimente kann sich jeder letztlich selbst ausdenken. Ein akustisch orientierter Träumer etwa vereinbart mit einem Helfer einen Telefonanruf. Zu einer vereinbarten Zeit ruft der Helfer an und liest laut und deutlich einen Artikel vor, etwa den »Aufmacher« einer bestimmten Zeitung. Der potentielle Traumprophet stellt sich beim Einschlafen die Stimme dieses Helfers vor. Wird es ihm gelingen, im Traum »vorherzuhören«, was der Helfer aus der Zeitung vortragen wird? Oder – als Alternative – der akustische Träumer malt sich beim Einschlafen aus, wie er am nächsten Morgen den Radioapparat einschaltet. Wird es ihm gelingen, heute vorherzuträumen, was morgen der Nachrichtensprecher verlesen wird?

Voraussetzung für eine brauchbare Auswertung der Experimente ist freilich ein penibel geführtes Traumtagebuch. Nur dann kann überprüft werden, ob heute wirklich vorhergeträumt wurde, was morgen oder übermorgen in der Zeitung steht.

John William Dunne experimentierte viel mit bewußt herbeigeführten Traumvisionen von Zeitungsmeldungen von morgen und übermorgen. In Kreisen parapsychologischer Experten wurde häufig darüber diskutiert, ob denn Dunne bestimmte Ereignisse von großer Bedeutung vorhergeträumt habe, oder ob er Zeitungsmeldungen darüber im Traum vorhersah. Dunne hatte um 1901 einen Traum vom Ausbruch des Mont Pelée auf Martinique. 1902 kam es tatsächlich auf der Insel zu der vorhergesagten Katastrophe. Dunnes Vorherschau deckte sich aber wesentlich mit Zeitungsmeldungen über die Katastrophe. Es scheint also erwiesen zu sein, daß der experimentierende Seher oft Jahre vorher Zeitungsmeldungen »erträumte«.

Nach Jacques Bergier ist es die rechte Gehirnhälfte, die

Informationen sammelt. Das geschieht, so der Wissenschaftspublizist und Buchautor, mit den bekannten fünf Sinnen (Sehen, Hören, Riechen, Schmecken, Tasten). Aber auch Informationen, die durch »hellsehendes Träumen« erlangt werden, würden nach Bergier von der rechten Gehirnhälfte aufgenommen. Eine Ordnung der Informationen erfolgt dann erst in der linken Gehirnhälfte.

Wichtig ist nicht nur das Führen eines Traumtagebuchs, wenn man herausfinden will, ob tatsächlich eine Veranlagung zu prophetischen Träumen besteht. Genauso wichtig ist, so Bergier, eine »positive Grundeinstellung gegenüber dem Thema Kraft der Träume. Wer es für vollkommen ausgeschlossen hält, daß Träume die Zukunft enthüllen, wird vermutlich prophetische Träume vergessen. Wenn das Wachbewußtsein absolut davon überzeugt ist, daß es Weissagen im Traum nicht gibt, dann handelt es entsprechend. Sollten echte Traumprophezeiungen auftauchen, dann wird es alles tun, damit diese Träume wieder vergessen werden.«

Wer erfolgreich in Sachen Traumprophetie experimentieren will, der muß sich bewußt damit auseinandersetzen, daß es einer Vielzahl von Menschen bereits gelungen ist, mit Hilfe der Kraft der Träume die Grenze zwischen Heute und Morgen aufzuheben.

Professor Hans Bender, Gründer des Instituts für Grenzgebiete der Psychologie und Psychohygiene, überprüfte die seherischen Gaben einer Vielzahl von Menschen. Bei nicht wenigen stellte sich heraus, daß sie tatsächlich im Traum konkrete Zukunftsvisionen hatten. Oft erfüllten sie sich freilich erst Jahrzehnte später: Wenige Wochen nach Geburt ihres Sohnes im Jahre 1919 hatte Amalie N. aus Nürnberg einen eindrucksvollen Traum. Sie sah sich selbst, wie sie an einem ihr völlig unbekannten Sandstrand entlangging und nach ihrem Kind suchte. Schließlich fing sie an, im Sand nach ihrem Kind zu graben. Sie wußte, daß ihr Sohn da zu finden sei.

Amalie N. hatte diesen Traum immer wieder. Zunächst behielt sie ihn für sich, schließlich erzählte sie ihn ihrem Mann. Der versuchte seine Frau zu beruhigen. Der Traum bedeute nur, daß sie als liebevolle Mutter Angst davor habe, ihr Kind zu verlieren. Dazu bestehe aber kein Anlaß, schließlich wachse ihr Sohn ja wohlbehütet auf. Leider halfen diese Traumanalysen wenig. Die Schreckensbilder kehrten immer wieder. Immer wieder sah sich die Mutter am Strand nach ihrem Sohn suchen, im Sand nach ihm graben. »Du mußt mir helfen, nach unserem Sohn zu suchen!« forderte sie ihren Mann immer wieder auf.

Nachdem der Traum sie wiederholt heimgesucht hatte, wußte sie schließlich, um welchen Strand es sich handelte, an dem sie entlangeilte und verzweifelt nach dem vermißten Sohn suchte: Es war die sandige Küste von Mahon.

Jahre vergingen. Der Traum geriet langsam in Vergessenheit. Der Zweite Weltkrieg brach aus. Der Sohn wurde Soldat. Er geriet in französische Kriegsgefangenschaft und starb. Schließlich erhielt die Mutter einen Brief von zwei Kameraden ihres Sohnes, die ihr mitteilen mußten, daß der junge Mann in den Sanddünen bei Fort Mahon begraben lag, etwa achthundert Meter vom Strand entfernt. Es hatte 27 Jahre gedauert, bis sich der Traum einer Mutter bewahrheitete. Während ihr neugeborenes Baby als Säugling in den Windeln lag, sah sie im Traum schon sein trauriges Ende auf einem Soldatenfriedhof.

Traumvisionen haben, so scheint es, meist tragische Ereignisse zum Inhalt. Freilich haben derlei vorhergesehene Ereignisse nicht immer ein tragisches Ende. Es gibt auch Episoden mit glücklichem Ausgang.

Am 29. Januar 1898 hatte der Frachter »Atacamba« im australischen Sydney eine große Ladung Kohlen an Bord genommen. Kapitän Spruit rechnete damit, daß die Fahrt nur drei Tage dauern würde. Auf hoher See entdeckte man, daß das Schiff untergehen würde. Ein gewaltiges Leck klaffte im Rumpf. Es war zu groß, als daß es hätte auf See ausgebessert werden können. Die Atacamba war nicht zu retten. Der Kapitän sah nur einen Ausweg: Zusammen mit seinen Matrosen kletterte er in ein Rettungsboot. Die Männer gerieten in einen schlimmen Sturm, hielten aber wacker aus. Schließlich wurden sie von der Besatzung des Dampfers »Industry« gerettet.

Als Kapitän Spruit wieder zu Hause bei seinen Lieben eintraf, stellte er fest, daß seine dramatische letzte Reise bis ins letzte Detail längst bekannt war. Seine kleine Tochter hatte alle Ereignisse in ihrer vollen Dramatik im Traum vorhergesehen – das Leck im Rumpf der »Atacamba«, die Aufgabe des Schiffs, die stürmische Zeit im Rettungsboot, die Rettung durch die »Industry«, die Heimkehr des Kapitäns.

Jacques Bergier vermutet, daß »dramatische Ereignisse besonders scharfe Schatten voraus werfen. Menschen, die unbeabsichtigt Traumvisionen haben, sehen in erster Linie Dramatisches – Unglücke, Katastrophen, Mord und Totschlag«. Die Bilder von brutalen Ereignissen seien es, an die sich Menschen, denen dank der Kraft der Träume ein Blick in die Zukunft gestattet wird, besonders gut erinnern. »Wer aber bewußt experimentiert, kann versuchen, gezielt Künftiges vorherzuträumen. Er mag dabei heute im Traum kleine und alltägliche Dinge sehen, die sich morgen in der Wirklichkeit ereignen.«

Jeder Experimentator kann eigene Versuche erarbeiten. Interessant ist der Versuch, das Wetter vorherzuträumen. Je nach Gusto des Experimentators kann der Versuch einfacher oder komplizierter gestaltet werden.

Träume vom Wetter

Der Experimentator stellt sich beim Einschlafen am Sonntag abend vor, welche Wettervorhersage die Zeitung vom Dienstag für den Mittwoch bringt. Der geschickte Träumer kann mit einiger Übung gezielt bestimmte Träume herbeiführen. In der folgenden Nacht notiert dann der Experimentator seinen Traum. Am Morgen fertigt er möglichst bald nach dem Erwachen ein ausführliches Traumprotokoll an. Sobald die Zeitung vorliegt, wird verglichen: Inwieweit stimmen Traum und Wettervorhersage überein? Der Zeitungsbericht wird ausgeschnitten, zusammen mit dem Traumprotokoll aufbewahrt. Gibt es Übereinstimmungen? In wie vielen Punkten sind Traumvision und gedruckter Wetterbericht miteinander identisch?

Schließlich stellt der Experimentator am Mittwoch fest, wie

das Wetter tatsächlich ausfällt. Entspricht es den Vorhersagen der Zeitung? Welche Prophezeiung traf exakter zu: die eigene, geträumte? Oder die gedruckte der Zeitung?

Träume vom Lottoglück

Wer mit Prophezeiungen im Traum experimentiert, kann ruhig lukrative Ziele anstreben. Warum soll man nicht versuchen, mit der Kraft des Traums zu Geld, etwa zu einem Lottogewinn, zu kommen?

Die ideale Methode gibt es nicht. Und so wie Spitzensportler gelegentlich Weltrekorde erzielen, der Hobbysportler in der Regel aber nur mit bescheideneren Erfolgen aufwarten kann, sieht es wohl auch bei der Kraft der Träume aus. Sie fällt bei unterschiedlichen Menschen ganz unterschiedlich aus. Jeder Experimentator kann seine eigene Methode entwickeln. Der eine visualisiert beim Einschlafen, wie er am Montag der folgenden Wochen die Zeitung aufschlägt und die ausgedruckten Lottozahlen vom Wochenende studiert. Der andere stellt sich vor, wie er die Ziehung der Lottozahlen am Bildschirm mitverfolgt, hört förmlich die dezente Musik, die das Klappern der Kugeln in der Trommel untermalt. Ein dritter Experimentator sieht sich beim Einschlafen im Bett liegen, hört den Radioapparat aus dem Wohnzimmer. Er vernimmt die Stimme des Nachrichtensprechers: »Und nun die Lottozahlen vom Wochenende.«

Mit welcher Methode auch immer der Experimentator arbeitet: Wichtig ist, daß die geträumten Lottozahlen sofort im Traumtagebuch notiert werden.

Fliegen mit der Kraft der Träume

Vor Jahrtausenden geschah in der Südsee Dramatisches. Ein großes Inselreich, Maori Nui Nui, drohte von gewaltigen Fluten verschlungen zu werden. König Hotu Matua hatte Kundschafter ausgeschickt, die eine neue Heimat ausfindig machen sollten. Vergeblich. Der Mächtige hörte auf Botschaften der Seele aus dem magischen Reich der Visionen.

Priester Hau Maka hatte einen Traum. Gott Make Make trug ihn durch die Lüfte und zeigte ihm die Osterinsel. Er brachte ihn schließlich zurück in die alte Heimat. Bald darauf wurde das gesamte Volk von Maori Nui Nui auf die Osterinsel evakuiert.

Parapsychologen und Prä-Astronautiker sind sich uneins über die Deutung dieser uralten Überlieferung aus dem reichen Schatz der Osterinsel-Überlieferungen. Wie ist sie zu verstehen? Muß man davon ausgehen, daß der Priester körperlich durch die Lüfte getragen wurde? Etwa von einem Außerirdischen, der in grauer Vorzeit die Erde besuchte? Oder sollte die Reise nur »im Geiste« stattgefunden haben? Wenn ja: Kann so eine »körperlose« Reise als »wirklich« bezeichnet werden? Oder nur als eingebildet?

Die uralte Osterinsel-Überlieferung verdeutlicht eine der vielleicht ältesten Vorstellungen der Menschheit: Der Mensch wurde nicht nur als physischer Körper gesehen. Der Leib des Menschen galt zwar als ein wichtiger Bestandteil, zum Leib gehörte aber auch noch etwas Unsichtbares – die Seele. Bereits in der Antike, aber auch in vielen außereuropäischen Kulturen herrschte die Vorstellung, daß sich Körper und Geist vorübergehend voneinander lösen und unabhängig voneinander existieren können. Die Parapsychologie, die die Welt des Übersinnlichen zu erkunden sucht, scheint diese uralte Glaubensvorstellung zu bestätigen. Sie spricht von Seelenexkursionen.

Vielen Menschen erscheint die Vorstellung von einer Seele des Menschen, die sich vom Leib lösen und wieder in ihn zurückkehren kann, als überholter Aberglauben, als ein unglaubwürdiges Märchen. Gerade im Zusammenhang mit der Erforschung der Kraft des Traumes aber erscheint eben diese Vorstellung als durchaus realistisch. Zumindest erklärt sie eine Reihe von Phänomenen und Begebenheiten, die anders nicht plausibel gemacht werden können.

Blinder Passagier an Bord?

Im Jahre 1828 war Robert Bruce als Erster Maat auf einem Handelsschiff zwischen Europa und Kanada unterwegs. Man hatte Liverpool weit hinter sich gelassen. Als Bruce die Kabine des Kapitäns betrat, um ihn wegen des weiteren Kursverlaufs zu befragen, sah er dort einen Fremden sitzen. Der Mann kritzelte etwas auf eine Schreibtafel. Bruce war alles andere als ein abergläubischer Mensch. Als ihn aber der Unbekannte anstarrte, bekam er es mit der Angst zu tun und rannte an Deck. Der Kapitän vernahm den Bericht des Ersten Maats mit Befremden. »Wir haben England vor sechs Wochen verlassen. Es kann sich kein Fremder an Bord befinden! Sie müssen sich täuschen!« Schließlich ließ er sich doch dazu überreden, mit Bruce in die Kapitänskabine zu gehen. Tatsächlich: Da lag die Schiefertafel. Jemand hatte darauf geschrieben: »Steuern Sie nach Nord west!«

Wer mochte diese Worte geschrieben haben? Der Kapitän bat zunächst sämtliche Offiziere, schließlich jedes einzelne Mitglied seiner Mannschaft um eine Schriftprobe. Nach Beendigung der mühsamen Prozedur stand fest, daß kein Mann von der Besatzung den Befehl auf die Tafel gekritzelt hatte. Sollte sich also doch ein blinder Passagier an Bord befinden? Der Kapitän befahl eine gründliche Suche. Das Ergebnis verlief negativ.

»Dann wollen wir es mal auf einen Versuch ankommen lassen«, meinte schließlich der Kapitän. »Wir haben einen günstigen Wind. Wenn wir den Kurs nach Nordwesten ändern, verlieren wie allenfalls ein paar Stunden!« Alles harrte voller Spannung der Dinge, die da kommen sollten. Nach einigen Stunden meldete der Mann vom Ausguck: »Eisberg nordwestlich voraus! Schiff nahebei!« Minuten später erkannte der Kapitän, daß es sich bei dem Schiff um ein Wrack handelte. Allem Anschein nach war es mit dem Eisberg kollidiert und schließlich daran festgefroren. Ein Ruderboot wurde zu Wasser gelassen und zum Eisberg geschickt. Es brachte mehrere Überlebende. Einen der Männer erkannte der Erste Maat Robert Bruce sofort: Es war eben jener Mann, den er in der Kabine des Kapitäns gesehen hatte.

Der Kapitän ließ den Mann die Worte nochmals schreiben – und siehe da: Beide Schriftzüge waren miteinander identisch. Der fremde Matrose vom Wrack am Eisberg mußte irgendwie an Bord gekommen sein. Aber wie?

Nachdem der Mann, wie auch die übrigen Schiffbrüchigen, mit Speise und Trank und neuer, warmer Kleidung versehen worden war, bat ihn der Kapitän um seinen Bericht. Er erzählte vom Schiffsunglück, von der Kollision mit dem Eisberg. Er erzählte in bewegten Worten, wie langsam die Hoffnungen der Männer schwanden, nachdem die Nahrungsmittelvorräte verbraucht worden waren. Irgendwann sei er dann vor Erschöpfung eingeschlafen. Im Traum habe er sich an Bord eines fremden Schiffs wiedergefunden, habe er die Bitte um Kurswechsel auf die Schiefertafel geschrieben. Dann sei er auf dem Schiffswrack wieder aufgewacht. Voller Zuversicht habe er an seinen eigenen Traum geglaubt, daß er irgendwie seinen Körper habe verlassen und um Hilfe bitten können.

Was war geschehen? In der Parapsychologie bezeichnet man das geheimnisvolle Phänomen als Astralreise oder als Geistreise. Darunter versteht man, daß sich der Geistkörper vom physischen Leib löst und auf Reisen geht. Derlei Exkursionen werden besonders häufig während des Schlafes vorgenommen.

Flug durch Raum und Zeit

Im Jahre 1954 hatte die Gründerin der schwedischen Gesellschaft für Parapsychologische Forschung einen seltsam realistischen Traum. Sie sah sich zusammen mit ihrem Mann Bo über Stockholm dahinfliegen. Sie fühlte sich herrlich beschwingt, genoß die Leichtigkeit des Flugs. Als sie nach unten sah, erkannte sie die Straßen der ihr so vertrauten Stadt. Sie erschrak. Da sausten ein Zug und eine Straßenbahn aufeinander zu, prallten zusammen. Schweißgebadet wachte sie auf. Sofort notierte sie die Traumvision in allen Einzelheiten. Als sie zusammen mit ihrem Mann den gründlichen Report las, waren beide beruhigt. Offensichtlich hatte die Vision nichts zu bedeuten. Denn wichtige Details waren einfach falsch. So hatten die Züge in Stockholm anno 1954 in der Realität braunen Außenanstrich. Der Zug im Traum aber war grün gewesen.

Trotzdem ließ die Erforscherin des Übersinnlichen ihr Traumprotokoll von mehreren unabhängigen Zeugen bestätigen. So kann es an der Realität der beschriebenen Ereignisse keinen Zweifel geben. Ein Jahr nach dem Traum gab es eine Änderung bei den Verkehrsbetrieben. Die Züge der Bahn bekamen einen neuen Anstrich: grün statt braun. Und kurz nach dieser Umstellung ereignete sich ein Unfall. Eine Straßenbahn stieß mit der Eisenbahn zusammen. Alle Details des mehr als ein Jahr zuvor sorgsam protokollierten Traumberichts waren eingetroffen. Die Skizze, die Eva Hellström angefertigt hatte, stimmte. Sie hatte alle Einzelheiten vollkommen richtig vorhergesehen oder vorhergeträumt. Sie war Zeuge eines Unfalls geworden, indem sie ihren physischen Körper verlassen und mit dem Geistkörper durch die Lüfte in die Zukunft geflogen war.

Der Mann, der durch Wände schweben konnte

1971 starb, 68jährig, in den USA eines der bekanntesten Medien der Vereinigten Staaten von Amerika: Sylvan Muldoon. Wie kaum ein zweiter Mensch des 20. Jahrhunderts hatte er das rätselhafte Phänomen der Astralreise am eigenen Leibe verspürt – und geradezu pedantisch erforscht.

Angefangen hatte es, als Sylvan Muldoon gerade zwölf Jahre jung gewesen war. Seine Mutter, von allem Übersinnlichen fasziniert, nahm den Buben und seinen Bruder zu spiritistischen Sitzungen mit. Waren es die geheimnisvollen Riten der Erwachsenen, die die Totengeister zu beschwören versuchten, die den Zwölfjährigen beeinflußten?

Später beschrieb Muldoon die erschreckenden Vorkommnisse, die ihn wie ein Horrortrip befielen. Er war eingeschlafen, in schweren Traum gesunken. Plötzlich war er wieder aufgewacht. Oder träumte er noch? Die Welt um ihn herum war totenstill. Eine geheimnisvolle Starre hatte sich seines Körpers bemächtigt. Lebte er überhaupt noch? Oder war er bereits tot? Würden ihm gleich die restlichen Sinne schwinden?

Das Gegenteil war der Fall. Unsichtbare Hände schienen ihn zu packen, vom Bett emporzuheben. Sie spielten mit ihm wie mit einem Ball, der von Kinderhänden umhergeworfen wird. Das alles geschah in erschreckender Stille. Verzweifelt versuchte Sylvan Muldoon sich später an alles zu erinnern, um irgendeine Erklärung finden zu können. Er war aufgewacht, hatte sich eisig starr und taub und blind gefühlt. Kein Geräusch drang an sein Ohr. Er konnte nichts sehen. Irgendwelche Kräfte hatten ihn im Zimmer umhergewirbelt.

Zunächst hatte er das Herumgeschleudertwerden, ohne daß er dabei sehen oder hören konnte, als besonders schrecklich empfunden. Dann aber waren Seh- und Hörvermögen wieder zurückgekehrt. Er sah eine gewohnte Umgebung: sein Zimmer, die Wände, das Mobiliar, die vielen Bilder. Alles befand sich an seinem Platz. Nur Sylvan Muldoon sah alles aus vollkommen ungewohnter Perspektive: nicht als 12jähriger, der in seinem Zimmer umherging, sondern als gewichtloses Wesen, das in teilweise rasendem Flug im Zimmer umhersauste.

Was ihm da widerfahren war, das mußte ohne Zweifel ein Traum sein. Und den mußte er seiner Mutter erzählen. Vielleicht würde sie ihm das unerklärbare Geheimnis enthüllen können? Als er ins Zimmer seiner Mutter rennen wollte, bemerkte er, daß er noch immer nicht wirklich wach war, wie er zunächst angenommen hatte. Er befand sich nach wie vor in jenem geheimnisvollen Zustand des Fliegenkönnens und des Durch-die-Luft-Brausens.

Hindernisse gab es keine für ihn. Die schwere, sonst so knarrende Tür mußte er erst gar nicht öffnen. Er konnte einfach durch das Holz hindurchfliegen. So schnell wie nie zuvor gelangte er in das Schlafzimmer seiner Mutter. Er sah sie im Bett liegen, ein, zwei Meter unter sich. Er driftete tiefer, versuchte seine Mutter zu wecken, schrie sie an, packte sie an den Händen und zerrte daran. Seine Mutter aber schlief ruhig weiter. Sie nahm ihn ganz offensichtlich nicht wahr.

Panik befiel den Jungen. Immer schneller sauste er durch alle Zimmer des riesigen Hauses. Je größer seine Angst wurde, desto schneller raste er von einem Raum zum anderen, durch Türen und Wände hindurch. So groß seine Angst auch war, so genau waren seine Beobachtungen. Sylvan Muldoon hatte sich selbst, seinen Körper, in seinem eigenen Bett wie eine leblose Puppe unter sich liegen gesehen. Und je weiter er sich von diesem seinem Körper entfernte, desto deutlicher wurde etwas. Erst konnte er diese Kraft gar nicht näher beschreiben, so fremdartig war sie. Je mehr er über sie nachdachte, um so plastischer konnte er sie sich vorstellen. Es mußte so etwas wie eine durchsichtige Schnur sein. Sie war irgendwo an seinem Kopf befestigt, wuchs aus seinem Hals heraus. Sie verband seinen Körper, der nach wie vor auf seinem Bett lag, mit seinem anderen Ich. Mit diesem zweiten Ich konnte er mühelos im ganzen Haus umherfliegen, problemlos Türen und Wände durchdringen.

Diese seltsame Schnur, die seine beiden Körper miteinander verband, schien sein zweites, sein fliegendes Ich wieder in sein erstes, sein im Bett liegendes Ich, zurückziehen zu wollen. Schließlich fand er sich wieder schwebend über seinem ersten Ich. Sein zweiter Körper nahm eine horizontale Position ein, senkte sich dann langsam nach unten. Er fiel schließlich immer schneller. Als sich beide Körper ruckartig miteinander vereinigten, durchfuhr seinen Körper ein quälender Schmerz. Als die beiden Körper wieder zu einem Leib verschmolzen, hatte er paradoxerweise das Empfinden, als würden sie auseinandergerissen.

Sylvan Muldoon fing langsam an, mit seiner Traumkraft zu experimentieren. Zunächst beobachtete er nur bewußter, was denn bei seinen Reisen ohne Körper geschah. Ihm wurde klar, daß sein Ich aus zwei verschiedenen Körpern bestand. Da war zum einen der physische Körper. Da war zum anderen der Geistkörper. Was auch immer dieser zweite Körper war, er konnte damit umherfliegen. Dann versuchte er bewußt und willentlich nur mit dem Geist zu reisen. Er schwebte durch Wände und Türen. Schließlich sah er sein Zuhause unter sich liegen. Er genoß den Anblick, wurde aber plötzlich von einer rätselhaften Kraft erfaßt. Sie wirbelte ihn herum wie ein Sturmwind das Blatt eines Baumes. Er war völlig hilflos unheimlichen und fremdartigen Kräften ausgeliefert und versuchte erst gar nicht, sich ihnen zu widersetzen.

Sylvan Muldoon konnte nicht wirklich sagen, wie lang der Flug gedauert hatte. Irgendwann hatte die Raserei ein Ende. Irgendwann kam er zur Ruhe. Neugierig blickte er um sich, spähte nach unten. Tief unter sich beobachtete er eine geradezu idyllische Szene. Eine Schar weißgekleideter Kinder spielte munter in einem Park. Ein Picknick wurde zwischen üppigen grünen Bäumen gereicht.

Dann setzte Sylvan Muldoon seinen Flug fort. Ein Haus, das er noch nie zuvor gesehen hatte, machte ihn neugierig. Er ging hinein. Das heißt: Er flog hinein. Wieder boten Wände keinerlei Widerstand. Er durchdrang sie mühelos, ohne auch nur so etwas wie einen Widerstand zu spüren. Was ihm fast ständig bewußt, ja körperlich spürbar war, das war so etwas wie ein Faden, der seinen Geistkörper mit seinem physischen Körper verband, der zu Hause im Bett lag und schlief.

Er schwebte von Zimmer zu Zimmer, hielt inne, als er eine junge Frau sah. Sie kämmte ihr Haar. Sylvan Muldoon wurde klar, daß er die junge Dame genau beobachten konnte. Sie hingegen wußte von seiner Präsenz nichts. Würde es möglich sein, der jungen Lady ein Zeichen zu geben? Konnte er sie berühren? Und würde sie das spüren? Langsam driftete Muldoon näher. Deutlich sah er das Gesicht der jungen Frau im Spiegel. Vorsichtig berührte er mit der Hand ihre Schulter. Deutlich registrierte er das weiche Gefühl des Stoffs. Hatte sie etwas gespürt? Fast schien es so zu sein. Die Fremde zuckte, Sylvan Muldoon erschrak. Hastig zog er sich aus der ihm ungewohnten Umgebung zurück.

Immer noch hegte er Zweifel an der Realität des Erlebten. Vielleicht waren es ja in Wirklichkeit doch nur besonders realistische Träume. Etwa sechs Wochen nach dem Besuch im Gemach der jungen Lady traf er sie zufällig auf der Straße. Er sprach sie an und konnte der ihm vollkommen fremden Frau genau erklären, wo sie wohnte, wie ihr Haus aussah. Er war dazu in der Lage, die Inneneinrichtung verschiedener Zimmer zu beschreiben, die er im Traum nur ein einziges Mal »besucht« hatte.

Robert Allan Monroe, 1915 in Indiana geboren, wuchs in einer ganz anderen Umgebung auf als Sylvan Muldoon. Muldoon war schon als kleines Kind mit der Welt des Spiritismus, Skeptiker würden von Aberglauben sprechen, vertraut. Monroes Elternhaus sah ganz anders aus. Wissenschaftlichkeit prägte sein Leben. Sein Vater war Universitätsprofessor, stets bemüht, seinem Sohn die Methodik des klaren, logischen Denkens beizubringen. Seine Mutter war Ärztin. Sie sprach viel von der harten physischen Realität. Als Robert Allan an der »Ohio State University« Maschinenbau studierte, freute das seine Eltern. Schließlich hatte er einen seriösen, weil wissenschaftlichen Weg eingeschlagen.

Nach seinem erfolgreich bestandenen Examen wandte sich Monroe dem Journalismus zu. Er bekam einen Job beim Rundfunk, machte schnell Karriere, war bald Programmdirektor. Gleichzeitig arbeitete er aber auch als vielbeschäftigter Autor für seinen Sender. Wenn eine Reportage mit passender Musik unterlegt werden sollte, half Monroe gern aus. Er textete, schrieb Kommentare, komponierte Orchesterstücke als Begleitmusik für zahlreiche Sendungen. Und noch eine Fähigkeit zeichnete Monroe aus: Er konnte seit seiner Kinderzeit im Traum seinen physischen Leib verlassen und im Geist auf Exkursionen gehen. Er war dazu in der Lage, Geistreisen zu unternehmen in Gegenden, die er nie zuvor gesehen hatte. Er konnte sie exakt beschreiben. Irgendwie mußte er, oder etwas von ihm, diese fremden Orte aufgesucht haben.

Jahrzehntelang betrieb Robert A. Monroe seine geheimnisvollen Geistreisen. Er kam zur Überzeugung, daß es mehr als nur eine Wirklichkeit gibt. Vielmehr gebe es ein komplexes Geflecht aus verschiedenen Ebenen. Die Alltagswelt, in der wir Menschen unserer Lebensroutine nachgehen, bezeichnete er als »Welt I« oder »Ort I«. Sie ist körperlich, physisch. »Welt II« oder »Ort II« besteht aus Gedanken. Monroe bezeichnete sie als »natürliche Umgebung« von »Welt I«. Die »Welt III« oder »Ort III« können wir uns kaum vorstellen, sie ist aus unseren innigsten Wünschen zusammengesetzt und überlappt die beiden anderen Welten.

Auch unter den Erforschern des Übersinnlichen sind Monroes theoretische Überlegungen über die Zusammensetzung der verschiedenen Wirklichkeiten umstritten. Keinen Zweifel aber kann es an der Realität der Traumreisen geben, bei denen sich so etwas wie ein Geistkörper vom physischen Leib trennt und sich unabhängig vom biologischen Körper entfernen kann. Beide Körper bleiben dabei stets durch so etwas wie eine dehnbare »Nabelschnur« miteinander verbunden.

Reisen mit der Kraft des Traumes sind allem Anschein nach ein weitverbreitetes Phänomen, wie etwa bereits in den fünfziger Jahren von der Duke University in den USA durchgeführte Studien eindeutig bewiesen haben. Demnach hatten 27 von 100 Menschen mindestens einmal im Leben eine Trennung von Geist- und Alltagskörper erlebt. 1967 führte die Oxford University ähnliche Untersuchungen durch, kam freilich zu leicht abweichenden Ergebnissen. Demnach haben sogar 34 von 100 Menschen bereits das Phänomen der körperlosen Geistreise am eigenen Leibe erlebt. Präziser waren die Resultate der University of New England. Demnach verließen rund 30% der Durchschnittsbevölkerung den physischen Leib, 16% begnügten sich mit einer Geistreise, 14% probierten es mehr als einmal.

Die erstaunlichsten Resultate wurden 1968 in England vorgelegt. Über 60% der Befragten haben demnach Geistreisen praktiziert, etwa ein Drittel davon verfügte über Erinnerungen an bis zu fünf solcher Ausflüge. Ein weiteres Drittel muß von der grenzenlosen Fortbewegungsart geradezu begeistert gewesen sein. Von diesem doch erheblichen Teil der Bevölkerung wurden »mindestens sechs oder mehr« Geistreisen erlebt.

Robert A. Monroe gründete 1971 auf seiner Farm in Virginia das »Institut der Erforschung des Geistes«. Er erkannte, daß das Phänomen der Geistreisen weitaus verbreiteter ist, als weithin bekannt. Er vermutete, daß sehr viele Menschen die Erinnerungen daran aber verdrängen. Oder sie tun sie als bedeutungslose Träume ohne jeglichen realen Hintergrund ab, versuchen erst gar nicht herauszufinden, ob sie nicht wirklich den schlafenden, im Bett liegenden Leib verlassen und andere Orte und Wirklichkeiten aufgesucht haben.

1953 begann Professor Hornell Hart von der Abteilung für Soziologie und Anthropologie der Duke University, systematisch Traumreisen zu untersuchen. Er trug eine Vielzahl von Berichten zusammen, die ihn zu einer klaren Aussage veranlaßten: Das Phänomen ist real und weit verbreitet. Etwa zehn Jahre später führte der englische Wissenschaftler Dr. Dr. Robert Crookall ähnliche systematische Studien durch. Er konzentrierte sich auf gut belegte Fälle und systematisierte etwa 1000 Astralreise-Erlebnisse. Er stellte fest, daß sie alle nach einem bestimmten Schema verlaufen.

Die Trennung von Geist und Körper erfolgt demnach entweder während des Traums, also während des Schlafs, oder in einem ähnlichen Bewußtseinszustand, etwa unter Hypnose oder in einer Phase starker Erschöpfung. Die Trennung der beiden Körper wird in den meisten Fällen ebensowenig bewußt erlebt wie ihre Wiedervereinigung. Für einen vermutlich sehr kurzen Zeitausschnitt schwindet das Bewußtsein. Es kehrt unmittelbar darauf wieder, nach erfolgter Trennung und nach der abgeschlossenen Wiedervereinigung. Alle Betroffenen sagten aus, sie hätten das Gefühl gehabt, den Leib durch den Kopf verlassen und auf gleichem Wege wieder »betreten« zu haben. In der Anfangs- wie in der Schlußphase sahen sie sich selbst schlafend liegen, fühlten, wie sie über dem eigenen Körper schwebten.

Dr. Charles T. Tart von der Universität von Virginia war sehr beeindruckt von den Ergebnissen seines Kollegen. Der Wissenschaftler wollte aber herausfinden, ob die beschriebenen Phänomene nicht nur mengenmäßig erfaßbar seien. Sollten sie, wenn sie wirklich real waren, nicht auch unter Laborbedingungen wiederholt werden können? In Kreisen der Parapsychologie gilt er als der erste anerkannte Wissenschaftler, der die Kraft der Träume im Labor nachwies. Seine Untersuchungen, die er 1965 und 1966 zunächst an der Universität von Virginia, später an der Universität von Davis, Kalifornien, durchführte, sind anerkannt, über jeden Zweifel erhaben.

Seine zahllosen Tests liefen alle nach dem gleichen Schema ab. Testpersonen sollten sich unter Laborbedingungen per Geistreise an einen bestimmten Ort begeben und dort genaue Beobachtungen machen. Dann wurde überprüft, ob die Beschreibungen den Tatsachen entsprachen.

Eine Testperson lag im Forschungslabor auf einem Sofa. Sie war an verschiedene Meßgeräte angeschlossen, die etwa den Puls oder die Augenbewegungen registrierten. Mehrere Meter über der Testperson befand sich ein Gestell. Darauf lag ein Blatt mit einer Zahl oder einem komplizierten Symbol. Die Testperson mußte nun versuchen, im Schlaf den physischen Leib zu verlassen, emporzuschweben und feststellen, welche Zahl notiert, welches Symbol zu erkennen war. Tatsächlich wurde so bestätigt, daß körperlose Astralreisen im Schlaf willentlich herbeigeführt werden können. Als real muß angesehen werden, daß auf diese Weise Informationen erlangt wurden, die auf anderem Wege nicht zu beschaffen gewesen wären. Eindeutig blieb der physische Leib auf der Liege, während sich der Geistkörper löste und frei umherschwebte.

Mit Ingo Swann führte Dr. Karlis vom Institut der »American Society for Psychical Research« zahlreiche Testreihen durch. Mr. Swann war als Versuchsperson geradezu ideal geeignet. Schon als Bub hatte er festgestellt, daß er beim Spielen seinen Körper verlassen, emporschweben und sich selbst beobachten konnte. Er konnte »auf Kommando« im Schlaf, aber auch bei vollem wachem Bewußtsein seinen Körper verlassen und Gegenstände, die sich außerhalb seiner Sichtweite befanden, identifizieren und eindeutig beschreiben.

Die Physiker Professor Russel Targ und Professor Dr. Harold Puthoff, beide vom Stanford Research Institute, sind der festen Überzeugung, daß jede noch so kühne These aufgestellt werden darf, wenn man entsprechende Experimente vorschlagen kann, um diese Hypothese auch unter Laborbedingungen zu testen. So haben sich beide auch der Untersuchung der außerkörperlichen Reisen gewidmet und sind zu dem Schluß gekommen, daß es dieses Phänomen wirklich gibt. Wiederholt experimentierten auch sie mit Ingo Swann. In einer der kontrollierten Versuchsanordnungen lag Ingo Swann schlafend oder in Trance in einem Raum des Instituts und erhielt den Auftrag, sich per Astralreise durch bestimmte Räume der Universität zu bewegen, sich dort genau umzusehen und dann zurückzukehren. Schließlich mußte er in Wort und Bild darlegen, was er im Geist gesehen hatte.

Die Ergebnisse waren eindeutig, ja überwältigend. Es konnte keinen Zweifel daran geben, daß Swann tatsächlich im Geist seinen Körper verlassen hatte. Dabei wußte die Person, die den Geistreisenden Swann überwachte, nie, was er bei seinen Geistexkursionen sehen würde.

Swann fertigte dann stets präzise Bilder von Objekten an, die er in den Räumen gesehen hatte, die er körperlich nie betreten hatte. Er zeichnete und versah seine Skizzen zusätzlich mit Kommentaren.

Zu solchen Geistreisen ist anscheinend auch Maria Struwe in der Lage. Dr. Johannes Fiebag, der die junge Berlinerin im Zusammenhang mit geheimnisvollen Begegnungen mit fremdartigen Besuchern aus dem All besuchte, schildert sie (*Kontakt,* München 1994, S. 52) als eine »fröhliche, lebensbejahende Frau«. Die Mutter dreier Kinder hatte verschiedene Erlebnisse, die als »Geistreisen« bezeichnet werden müssen. Wiederholt machte sich ihr Geist anscheinend selbständig. Als ihr damals 19jähriger Sohn erstmals auf Klassenfahrt war, dachte sie intensiv und wohl auch etwas besorgt an ihn. Plötzlich fand sie sich, ihr physischer Körper blieb zu Hause, im Zimmer jener Jugendherberge, in der die Klasse untergebracht war. Minutenlang beobachtete sie das Geschehen, belauschte Gespräche der jungen Leute. Als sie am folgenden Tag mit ihrem Sprößling telefonierte, zeigte sich, daß ihre Beobachtungen korrekt waren. Sie muß im Geist in jene Jugendherberge »geflogen« sein.

»Bei einer anderen Gelegenheit«, berichtet Dr. Johannes Fiebag, »fand sie sich ebenfalls nachts plötzlich in Höhe der Decke an ihrer Schlafzimmerwand wieder und sah ihren Körper friedlich schlafend unter sich. Dieses Erlebnis dauerte nur etwa eine halbe Minute an, dann ›schnellte‹ sie förmlich wieder zurück. Sie schlug überrascht die Augen auf.«

Neben Jacques Bergier war auch Carl-Ludwig Freiherr von Reichenbach (1788–1869), ein führender Chemiker seiner Zeit, davon überzeugt, daß es einen Astralleib gibt. Er umgebe den physischen Körper wie eine unsichtbare Hülle, bestehe aus einer wirklichen, real vorhandenen Kraft, die er Od nannte.

Besonders im Schlaf ist es möglich, beide Körper voneinander zu trennen. Vergleichbar mit der Schlafphase ist nach Jacques Bergier aber die religiöse Verzückung. Seit Jahrhunderten sei es auserwählten Menschen möglich, im Zustand der Abwendung von den irdischen Sorgen schwerelos zu werden.

Die Gabe der Heiligen

Thomas von Aquin (1225–1274) gilt als einer der bedeutendsten Philosophen und Theologen des Mittelalters. Der Dominikanermönch verfaßte verschiedene fromme Traktate, aber auch Abhandlungen wissenschaftlicher Art. Er soll sich mit der Frage auseinandergesetzt haben, ob die bekannten Stoffe und Substanzen in edlere Metalle verwandelt werden können.

Zahlreiche Zeugen haben schriftlich festgehalten, daß sie beobachteten, wie Thomas von Aquin die Schwerkraft besiegte. Dabei wurde stets eine Ursache genannt: Wenn er sich in Gedanken auf fromme Bilder konzentrierte, gelang es ihm, seinen Körper in die Lüfte zu erheben.

Hat sich wirklich der physische Leib der Heiligen in die Lüfte emporgeschwungen oder war es nur der Geistkörper, der sich vom physischen Leib löste und für alle Zeugen sichtbar in die Lüfte erhob? Was geschah mit Ignatius von Loyola (1491–1556)? Der Offizier, im Kampf schwer verwundet, hatte sich der Verehrung Gottes verschrieben, war Priester geworden. Wichtiger als alles irdische Streben sei die Hinwendung zu Gott. So früh wie möglich müsse man daran denken, daß das irdische Leben des Menschen begrenzt sei. Wenn er sich gedanklich auf jenseitige Dinge konzentrierte, schien die irdische Schwerkraft für ihn bedeutungslos zu werden. Als sei er gewichtslos, schwebte er dann über dem Boden. Auch hier stellt sich die Frage, ob es sein wirklicher, physischer Leib oder nur sein sichtbarer Geistkörper war.

Joseph von Copertino (1603–1663) war wohl einer der ersten der Heiligen, die ganz bewußt ihre wundersame Fähigkeit des Schwebens einsetzen konnten.

Joseph von Copertino empfand seine geheimnisvolle Gabe zunächst als lästig. Er wußte auch, daß sie ihm gefährlich werden konnte. Stets bestand die Gefahr, daß mißgünstige Kirchenmänner Anklage wegen angeblicher Hexerei erhoben. Der Hexenwahn begann bereits im 13. Jahrhundert. Gerade zu Lebzeiten Joseph von Copertinos loderten in ganz Europa die Scheiterhaufen auf. Angeblich besaßen die Hexen eine »Salbe«, mit der sie sich eincremten, um zu den teuflischen Versammlungsorten zu fliegen. Eine Anzeige wegen Hexerei, verbunden mit dem Hinweis, von Copertino beherrsche die böse Kunst, sich frei wie ein Vogel durch die Lüfte zu bewegen, hätte mit Sicherheit für Folter und Feuertod ausgereicht. Der fromme Kirchenmann sah diese latente Gefahr ohne Zweifel. Er war aber davon überzeugt, daß Gott ihm seine geheimnisvolle Gabe verliehen habe. Er dürfe sie nicht verkümmern lassen, sondern müsse sie einsetzen, um viele Menschen zum Glauben zu bekehren.

Tatsächlich kamen zahlreiche Schaulustige nach Copertino, um das Wunder des fliegenden Frommen zu bestaunen. Angelockt wurden durch seine wahrhaft erstaunlichen Leistungen auch Vertreter der heiligen Inquisition. Sie warfen ihm »betrügerische Machenschaften« vor. In Neapel kam es zum Prozeß. Vermutlich hatte man es erst gar nicht gewagt, angesichts der Beliebtheit des schon zu Lebzeiten zur Legende gewordenen Kirchenmanns von »Hexerei« zu sprechen. Oder war geplant, den harmloseren Vorwurf des Betrugs in eine Anklage zu verwandeln, die automatisch zum Tod auf dem Scheiterhaufen führte? Es gab kein Entrinnen, wenn man erst einmal der Hexerei bezichtigt wurde. Wer sich einmal in den Klauen der Inquisition befand, sollte bald die Toten um ihre Ruhe beneiden.

Joseph von Copertino mußte freigesprochen werden. Kein Geringerer als Papst Urban VII. hatte zu seinen Gunsten ausgesagt und bekundet, höchstpersönlich gesehen zu haben, wie der Angeklagte in frommer Verzückung hoch über den Häuptern frommer Gotteshausbesucher dahinschwebte.

Es waren freilich keineswegs nur Menschen aus dem Umfeld der Kirche, die bekundeten, daß Joseph von Copertino fliegen konnte. Es gab auch Skeptiker, die alles andere als anfällig waren für fromme Darbietungen zweifelhafter Art. Herzog Friedrich von Braunschweig etwa hatte von den angeblich wundersamen Fähigkeiten Copertinos gehört. Er traute den phantastisch anmutenden Schilderungen nicht und entschloß sich, persönlich anzureisen. 1650 besuchte er in Assisi einen Gottesdienst. Gelesen wurde die Heilige Messe von Joseph von Copertino. Dabei schwebte er mehrere »Handspannen hoch« über dem Boden. Der Herzog, bislang praktizierender Protestant, wechselte zum katholischen Glauben über.

Für den italienischen Visionär und Heiligen waren die ekstatischen »Erhebungen« in die Luft alles andere als angenehm. Oft kündigten sie sich durch körperliches Unwohlsein an. Sein Herzschlag raste schmerzhaft. Die Ekstase selbst war dann stets von vollkommener Schmerzunempfindlichkeit begleitet. Zahlreiche Besucher, die die Berichte überprüfen wollten, fügten dem Kirchenmann Schmerzen zu, quälten ihn mit Nadeln oder glühendem Eisen. Er nahm die Peinigungen nicht wahr.

Auch diese Gefühllosigkeit gegenüber Schmerz hätte von der Inquisition als Beweis für teuflische Besessenheit gewertet werden können. Hexen, so lautete die Lehrmeinung, stehen mit dem Teufel im Bunde, der ihnen hilft, Pein zu ertragen. Wenn die armen gemarterten Frauen unter der Folter ihren Schmerz hinausschrien, galt das ebenfalls als Hinweis auf Besessenheit. Der Teufel ließ seine Knechte eben auch manchmal im Stich.

Joseph von Copertino führte seine Wunder weiter vor. Manchmal flog er in der Kirche von Grotella bis zum Hochaltar. Er legte Strecken von bis zu »80 Schritt« in der Luft zurück. Gelegentlich nahm er Besucher bei der Hand und ließ sie mitfliegen.

Weniger bekannt ist, daß der Heilige auch ganz offensichtlich in der Zeit reisen konnte. So sandte ihm Kardinal Rapaccioli einen Brief mit einer Reihe von Fragen. Joseph beantwortete sie, noch bevor der Brief bei ihm eintraf.

Zwei englische Erforscher des Übersinnlichen, die Buchautoren und Herausgeber des weltweit vertriebenen Magazins »Fortean Times«, John Michell und Robert J. M. Rickard, haben zu diesem Thema ausgiebige Recherchen durchgeführt. Sie haben dabei festgestellt, daß die Gabe des Fliegens zahllosen Menschen über Jahrhunderte hinweg zuteil wurde. Besonders häufig trat sie bei Heiligen auf, die in religiöser Verzückung ihre allzu irdische Umgebung vollkommen vergessen, sich nur dem Jenseitigen zuwenden konnten. Oliver Leroy listete in seinem Werk über »Levitation« gleich mehr als 230 katholische Heilige auf, denen die geheimnisvolle Gabe zugebilligt wurde. Und die von zahllosen Zeugen im ekstatischen Flug beobachtet wurden.

Derlei Wunder ereigneten sich freilich keineswegs nur im fernen Mittelalter. Alfonso Maria di Liguori (1696–1787) beispielsweise driftete noch anno 1777 durch die Johanniskirche von Foggia. Für die betende Kirchengemeinde soll der Anblick keineswegs ungewohnt gewesen sein.

Zauberer und Fakire

In Indien versuchen seit Jahrtausenden Menschen den weltlichen Genüssen zu entsagen, um so schon zu Lebzeiten eine Vergeistigung zu erreichen. Diese Yogis scheinen durch Kasteiung des Leibes die Kräfte des Geistes in für den Europäer unvorstellbarer Weise stärken zu können. Die Kunst der körperlosen Geistreise beherrschen sie ebenso wie das Schweben.

Bereits Ende des vergangenen Jahrhunderts bereiste R. N. Elliot aus Nutley, Sussex, der im Dienste der Marine Ihrer Majestät der englischen Königin in Malaya stationiert war, das Land. Stets suchte er dabei nach Menschen mit ungewöhnlichen Fähigkeiten. So beobachtete er wiederholt, und zwar stets kritisch, fliegende Menschen. Er kannte die Tricks der Jahrmarktskünstler, die für ein paar Rupien die staunenden Zuschauer in Verblüffung versetzten, und ließ sich nicht hinters Licht führen. Gadahar Chatterji (1834–1886) hielt er für einen echten Wundermann. Er sprach über die Kunststücke seiner Kollegen mit Verachtung. »Sie sind Erbarmungswürdige! Sie müssen auf dem Wege der Erkenntnis noch weit zurückstehen!« Gäben sie doch vor, nach Vergeistigung zu trachten, und wären durch schwereloses Fliegen doch dem Körperlichen verhaftet.

R. N. Elliot bezeugte wiederholt, wie Fakire sich etwa im Schneidersitz niederließen, sich konzentrierten und ihre Umgebung zu vergessen schienen. Plötzlich schwebten sie, zunächst nur einige Handbreit, dann mehrere Meter über dem Boden. Schließlich ließen sie sich wieder auf die Erde niedergleiten.

»Es wird Fakiren manchmal unterstellt«, erklärt der als Erforscher des Übersinnlichen bekannt gewordene Professor Hans Bellamy, »sie könnten durch eine Form von Gedankenkonzentration Hunderte Zuschauer glauben machen, sie würden vor ihren Augen durch die Lüfte fliegen. Damit geben sich skeptische Kritiker zufrieden. Sie sprechen von einem ›Schwindel‹ und vergessen dabei völlig, daß auch ein derartiger ›Betrug‹ als Meisterleistung bezeichnet werden muß. Diese Menschen müssen über die Fähigkeit verfügen, mit Gedankenkraft die Gedanken anderer Menschen so massiv zu beeinflussen, daß sie Dinge sehen, die sich gar nicht ereignen.«

Professor Hans Bellamy war überzeugt, daß indische Fakire wie auch südamerikanische Nachfahren der Inkas dazu in der Lage seien, Geistreisen zu bewerkstelligen. Sie würden dabei Körper und Geist trennen, mit dem Geistkörper aus dem Leib

Dr. Russell Targ, der die Geistreisen des Ingo Swann wissenschaftlich erforschte.

Auch Hella Hammid verließ bei Experimenten ihren Körper, um weit entfernte Orte zu besuchen und sie genau beschreiben.

Ein Felsensarg von den Externsteinen – meditierten hier Mönche, um im Traum Kontakt mit Gott aufzunehmen?

Die Externsteine – hier begegnete Yvonne Schneider bei ihrer Astralreise seltsamen Wesen.

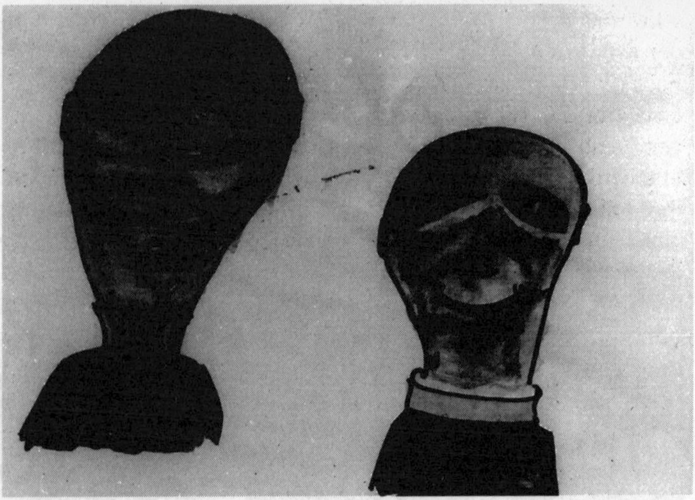

Traumwesen oder Außerirdische? So sahen die Männchen aus, die Yvonne Schneider entführten.

Im letzten Jahrhundert wurde die Hypnose eingesetzt, um zu heilen oder mit Geistern zu sprechen. Heute hypnotisiert man Menschen, die mit Außerirdischen zusammengetroffen sein wollen.

schweben und nach einiger Zeit wieder in den physischen Körper zurückkehren. »Dabei gelingt es den wahren Meistern ihres Fachs, auch ihren Geistkörper sichtbar werden zu lassen. Er erscheint dann sozusagen als ›Doppel‹. Bei ›Zauberdarbietungen‹ bleibt der physische Leib zurück, nur das Geistdoppel fliegt und wird gesehen.« Die wahren Yogis aber würden, so Bellamy, ihre Fähigkeiten nicht öffentlich zur Schau stellen. »Sie wenden der Welt ihren Rücken zu, betteln nicht um Bewunderung. In der Abgeschiedenheit einsamer Landstriche meditieren sie. Dabei kommt es zu wundersamen Erscheinungen, etwa zur Trennung von Leib und Geist in der Ekstase. Die Yogis bemerken dabei oft gar nicht, was geschieht. Sie sind völlig nach innen orientiert, auf den Geist, der Körper interessiert sie nicht. Ja sie verachten sogar das Leibliche, das sie als Fessel des Geistigen, als Ballast, ansehen.«

Mirabellis Magie

Um Carlos Carmine Mirabelli (1889–1951) aus Brasilien ranken sich viele Legenden. Ihm werden unzählige Wundertaten nachgesagt. Als Kind schon habe er festgestellt, daß er seinen Geist wandern lassen konnte, während sein Körper schlafend im Bett lag. Er sei aber auch dazu in der Lage gewesen, beliebige Gegenstände des Alltags schwerelos zu machen und durch die Luft driften zu lassen. Ihm selbst erschienen derlei Fähigkeiten allem Anschein nach als ganz natürlich. Sie brachten ihm zunächst auch keine Anerkennung.

Weil er in einem Lagerraum eines Schuhgeschäfts, wo er als Handlanger arbeitete, einfach flog, anstatt mit einer Leiter Regale emporzuklettern, wurde er fristlos entlassen. Den Menschen seiner nächsten Umgebung war derlei Kunstfertigkeit unheimlich. »Früher hätte man so einen Kerl auf dem Scheiterhaufen verbrannt«, bekam sein Chef zu hören. Andere Kunden blieben dem Geschäft fern. »Wer weiß, vielleicht kann dieser unheimliche Bursche wirklich zaubern. Er belegt Schuhe mit einem Fluch. Nichtsahnend kauft man sie und wird plötzlich wie aus heiterem Himmel krank! Nein, in solch einem Geschäft wollen wir keine Kunden sein!«

Anfang des 20. Jahrhunderts waren die Scheiterhaufen der Inquisition längst verloschen, ein qualvoller Tod blieb dem jungen Mirabelli erspart. Er wurde aber in eine Anstalt für Geisteskranke eingewiesen. Dort war er freilich nach Ansicht der Ärzte völlig fehl am Platze. »Der Mann ist geistig völlig gesund. Er verfügt aber über ungewöhnliche Fähigkeiten«, wurde konstatiert.

Irgendwann wurde das »Brasilianische Institut für parapsychologische Forschung« auf den Fall Mirabelli aufmerksam. Guy Lyon Playfair, Hernani Guimaranes Andreade und Suzuko Hashizume reisten vor Ort, überprüften Zeugenaussagen und wurden selbst wiederholt in Erstaunen versetzt. Sie verglichen Mirabelli mit den großen Heiligen der Kirchengeschichte, was seine Fähigkeit zu fliegen anbelangte. Wie jene frommen Kirchenmänner werde auch der Ex-Schuhverkäufer manchmal anfallartig heimgesucht. Und dann schwebe er plötzlich, ohne daß es ihm möglich sei, etwas dagegen zu unternehmen. Das bekundete auch Cesar Augusto Mirabelli, Sohn des medial veranlagten Brasilianers. »Es konnte jederzeit an jedem Ort geschehen, ohne daß mein Vater es vorher merkte oder gar etwas dazu beitrug. Es geschah, als er allein zu Hause war, es passierte, wenn er an der Bushaltestelle wartete.«

Das Geheimnis der Bilokation – von Heiligen und Schamanen

Im Jahre 1774 wurde der Moraltheologe und Gründer der Redemptoristen-Kongregation di Liguori unter jenen kummervollen Menschen gesehen, die sich um das Totenlager von Papst Clemens XIV. in Rom versammelt hatten. Seine Präsenz in Italiens Metropole freilich war eigentlich unmöglich. Denn zum gleichen Zeitpunkt lag sein physischer, durch Krankheit stark geschwächter Leib in seiner Klosterzelle in Arezzo.

Die Klosterbrüder hatten schon befürchtet, ihr Mitbruder

Liguori werde bald dahinscheiden. Er erholte sich aber wieder und berichtete, er sei im Vatikan gewesen. Zunächst glaubte man seinen Worten nicht, lächelte milde ob der vermeintlichen Fieberträume. Die Realität des beschriebenen Erlebnisses wurde dann aber von zahlreichen Zeugen unabhängig voneinander bestätigt, die ebenfalls in Rom beim Papst gewesen waren. Sie hatten keinerlei Zweifel daran, daß ihnen der leibhaftige Liguori begegnet war, physisch und real. Nach Bergier können sie aber nur den Geistkörper des Kirchenmanns gesehen haben.

Die Fähigkeit, an zwei Orten zur gleichen Zeit zu sein, wird zahlreichen Heiligen der katholischen Kirche nachgesagt, etwa auch Francesco Forgione (1887–1968). Bekannt wurde er als »Padre Pio«. Tausende bezeugten Wundersames, das sich in seiner Gegenwart ereignet haben soll. Verschiedene Wundertaten des Mannes, der fast fünfzig Jahre lang die Wundmale Christi trug, weisen daraufhin, daß auch er die Gabe besaß, seinen Geistkörper auszusenden.

Gut belegt ist folgender Vorfall: 1940 hatte der 24jährige Mario aus Viareggio einen schweren Arbeitsunfall. Er schien zunächst zu genesen und konnte, allerdings im Stützkorsett, noch zehn Jahre arbeiten. 1950 brach er zusammen. Aus einem erträglichen Schaden an der Wirbelsäule war eine Lähmung geworden. Am 17. März 1951 sollte er nach einjähriger Krankheit endgültig seinen Arbeitsplatz verlieren. Mario war alles andere als kirchenfromm. Nachdem er aber ein Buch über Padre Pio gelesen hatte, bat er den Heiligen um Hilfe. Padre Pio, der sich zu dieser Zeit in Foggia aufhielt, erschien gleichzeitig in Viareggio. Sein Doppel ging auf den Schwerstkranken zu, führte eine Spontanheilung durch.

Das Phänomen der Bilokation ist freilich kein ausschließlich christliches, sondern weitaus älter. Schon Apollonius von Tyana, ein Denker und Magier aus dem Kappadokien des ersten Jahrhunderts nach Christus, soll über diese Gabe verfügt haben. Gleiches gilt für Aristeas von Prokonnesos. Er lebte im 6. Jahrhundert vor Christus, soll ein Vertreter des Apollonkults gewesen sein. Große Bewunderung löste eine häufig beschriebene Gabe des antiken Dichters aus: Er schickte seine Seele aus, während sein physischer Körper zurückblieb. »Das Lexikon der Parapsychologie« (Herrsching 1984, S. 35) verweist in diesem Zusammenhang auf weitaus ältere Traditionen: »Die Forschung nimmt an, daß in den Vorstellungen um Aristeas zentralasiatische Gedanken von der schamanistischen Seelenreise in den Hellenismus gelangten.«

Weiter hält das »Lexikon der Parapsychologie« (S. 81) fest: »Von Bedeutung könnte sein, daß wiederholt berichtet wird, zu der Zeit, als man den Doppelgänger sah, hätte der Betreffende ›in tiefem Schlaf‹ oder ›totenstarr‹ dagelegen und nach dem Erwachen die Erlebnisse des Phantoms als Traum geschildert.« Der Leib schlief, der Geistkörper trat eine Reise an, konnte hinterher genau berichten, was er erlebt, gesehen oder erfahren hatte.

Was der Prophet im alten Israel war, das war in Asien der Schamane. Er wurde wie der biblische Prophet in sein Amt berufen. Mittels besonderer magischer Praktiken, etwa des Schlagens eines besonderen Rhythmus auf einer heiligen Trommel, versetzte sich der Schamane oder die Schamanin in Trance. Dann trat er eine Geist- oder Seelenreise an, suchte ferne Regionen oder Zeiten auf. Vom »magischen Flug« zurückgekehrt, kam es zunächst zur Wiedervereinigung zwischen Geist und Körper. War der Leib während der Geistreise erstarrt, so kehrte das Leben in ihn zurück. Er konnte Informationen weitergeben, die sein Geistkörper für ihn in Erfahrung gebracht hatte. Auch der im ganzen germanischen Gebiet verbreitete Glaube an einen »Doppelgänger« beruht, wie das »Handwörterbuch des deutschen Aberglaubens« (Berlin, New York 1987, Band 2, Spalte 348) betont, »auf der Vorstellung von der Sonderexistenz der Seele, die den Körper zeitweise (Traum, Ekstase) verlassen kann.«

Die Kraft der Träume läßt seit uralten Zeiten Menschen geheimnisvolle Geistreisen antreten: Magier und Medien, Schamanen und Menschen »wie du und ich«.

Im Traum kann jeder fliegen

Robert A. Monroe untersuchte ab 1971 auf seiner Farm in Virginia in dem »Institut zur Erforschung des Geistes«, ob es nur einzelne Menschen mit besonderen Begabungen waren, die mit der Kraft der Träume reisen können. Es zeigte sich, daß das keineswegs der Fall ist.

Nach Robert A. Monroe kann jeder Mensch mit einiger Übung gezielt Traumreisen antreten, bei denen sich vorübergehend der Geistkörper vom physischen Leib trennt. Vermutlich unternehmen sehr viele Menschen an der Schwelle zum dritten nachchristlichen Jahrtausend Geistreisen. Nur wissen sie es nicht und halten sie für bedeutungslose Träume.

Im Zwischenreich

Wer bewußt außerkörperliche Reisen unternehmen möchte, muß sich zunächst einer wichtigen Tatsache bewußt sein: Ausgangspunkt für die beabsichtigte Reise ist jene Phase des Einschlafens zwischen Nicht-mehr-ganz-wach-Sein und Noch-nicht-ganz-Schlafen. Wie kann man es nun erreichen, daß man diesen meist kurzen Zeitraum nicht verpaßt?

Experte Sylvan Muldoon rät, man solle zunächst einmal bestimmte Voraussetzungen schaffen. Der Experimentator begibt sich bei angenehmer Temperatur zu Bett. Das Schlafzimmer sollte nicht überheizt, aber auch nicht zu kühl sein. Mehrere Stunden vor Beginn der Versuche darf keine größere Mahlzeit eingenommen werden. Genußgifte wie Alkohol und Nikotin sind bestenfalls wenig hilfreich.

Die geistige Verfassung sollte möglichst entspannt sein. Wer von drückenden Sorgen gepeinigt wird, bringt alles andere als ideale Voraussetzungen für das geplante Experiment mit. Andererseits bestätigen aber viele Geistreisende, daß ihnen das befreiende Erlebnis sehr geholfen habe. Sie hätten sich unbeschwert und grenzenlos gefühlt, die scheinbar überwältigenden Probleme in den richtigen Relationen gesehen.

Es gibt einen einfachen Trick, der es möglich macht, mit dem Versuch zum genau richtigen Zeitpunkt zu beginnen. Man legt sich entspannt ins Bett, hebt dabei einen Arm. Man hält den Arm in die Luft. Das mag zunächst unbequem erscheinen, doch man gewöhnt sich bald daran.

Wenn nun die Phase des Übergangs zwischen Wachsein und Schlafen beginnt, sinkt der Arm nieder. Gewöhnlich wird man dadurch wieder wach. Nun gilt es, geduldig zu probieren, den Versuch immer wieder zu wiederholen. Es empfiehlt sich, an mehreren aufeinanderfolgenden Abenden zu üben. Nach einiger Zeit wird es mühelos gelingen, in jenem Zwischenreich zu verharren. Dann erst kann Phase zwei der Versuche beginnen.

Wichtig für diese zweite Phase ist es, sich einen einfachen »Traum« zurechtzulegen. In diesem Traum sollten Auf- und Abwärtsbewegungen eine wichtige Rolle spielen. Man kann sich bei Tage einen ganz persönlichen Traum ausdenken. Er sollte nicht zu kompliziert sein, auf keinen Fall unangenehme Assoziationen auslösen.

Mit einem Traumkamel unterwegs

Ich arbeite beispielsweise gerne mit folgender Vorstellung: Ausgangspunkt ist eine friedliche Oase. Palmen spenden Schatten, exotische Vögel zwitschern leise Melodien. Es ist früher Abend, die Sonne geht langsam unter. Wir wollen nun eine kleine Exkursion unternehmen. Zu diesem Zweck besteigen wir ein braves, friedliches Kamel. Gemächlichen Schritts marschiert es in eine hügelige Landschaft. Das Kamel geht langsam einen sanften Hügel hinauf, dann wieder hinab. Wir genießen das monotone Gefühl des Auf und Ab.

Wir wissen, daß wir uns in einer Traumwelt befinden: Da ist

alles möglich. Da gelten die Gesetze der Schwerkraft nicht mehr. Was wir uns wünschen, geht in Erfüllung. Die Realität der Welt paßt sich unseren Visionen an. So konzentrieren wir uns auf das Kamel. Eben hat es wieder einen der Hügel erklommen, beginnt mit dem Abstieg. Wir konzentrieren uns auf die Vorstellung, daß wir immer leichter und leichter, ja schwerelos werden. Wir lösen uns von unserem Reittier und schweben sanft über seinem Rücken. Das Kamel marschiert gemächlich nach unten, während wir schwebend in der Luft verharren. Jederzeit können wir wieder auf den weichen Rücken des braven Tieres zurücksinken.

Es ist wichtig, daß wir uns zunächst, wenn wir uns vorbereiten, ein möglichst angenehmes Traumbild zurechtlegen. Wir malen es uns im Wachzustand aus, holen es dann, wenn wir langsam in den Schlaf sinken, hervor. Der Phantasie sind dabei keine Grenzen gesetzt. Jeder kann sich ein ganz persönliches Bild ausdenken.

Sylvan Muldoon empfahl das Bild von einer Fahrt im Aufzug. Wie wir es gestalten, ist uns selbst überlassen. Die Vorstellung sollte angenehm sein und so gewählt werden, daß sie dem Wesen des Experimentators entspricht.

Wollen wir den Vorschlag von Sylvan Muldoon aufgreifen? Die Ausgestaltung ist uns selbst überlassen.

Eine praktische Anleitung für Astralreisen

Wir begeben uns in einen Aufzug, drücken die Taste für den obersten Stock. Gemächlich setzt sich der Aufzug in Bewegung. Er fährt nach oben. Vielleicht lassen wir ihn zunächst in jedem Stockwerk anhalten. Dann fahren wir ohne Aufenthalt vom Erdgeschoß in die oberste Etage. Schließlich malen wir uns aus, wozu wir den Lift benützen könnten. Wir stellen uns wieder vor, daß wir schwerelos sind, leichter als eine Feder. Wieder starten wir im Erdgeschoß, fahren nach oben. Und während der Lift im obersten Stock anhält, genießen wir die Bewegung weiter. Wir setzen sie fort, driften weiter nach oben. Wir fliegen, ohne daß uns ein Hindernis aufhalten könnte. So durchdringen wir ohne Schwierigkeiten die Decke der Kabine, fliegen höher und höher – so hoch, so weit, wie wir wollen.

Zahllose Neugierige haben weltweit auf diese Weise spielerisch und leicht unter direkter Anleitung von Sylvan Muldoon, aber auch auf eigene Faust mit Astralreisen experimentiert. Voraussetzung ist vor allen Dingen Geduld. Unsere Versuche führen sicher anfänglich nicht immer zum Erfolg. Der Schlaf mag immer wieder über uns kommen. Aber es gelingt uns bald, unsere Lieblingsvorstellung mit in den Schlaf zu nehmen.

Auch Robert A. Monroe empfahl stets, mit Geduld ans Werk zu gehen. Zunächst sei es wichtig, bewußt die Phase vor dem eigentlichen Schlafen auszudehnen, ohne dabei in Schlummer zu versinken. Sein Rat: »Lenken Sie die Aufmerksamkeit vor dem Einschlafen auf einen konkreten Gegenstand.« Durch diese Konzentration dehnen wir, wie gewünscht, die Verweildauer im Reich des Noch-wach-Seins aus, bevor wir uns der Kraft der Träume anvertrauen. Nach Robert A. Monroe kann dabei eine gewisse Nervosität auftreten. Der Körper ist müde, der Geist sehnt sich nach Schlaf. In der Tat sei es ganz normal, wenn man einschlummert. »Das darf nicht beunruhigen«, weiß Monroe. »Morgen bieten sich am Abend wieder Übungsmöglichkeiten, übermorgen auch.«

Ein Versuch besteht darin, daß man im Bett liegt und den Arm hebt. Irgendwann sinkt er nieder. Jetzt konzentrieren wir uns auf ein Bild – eine Wolke. Wir stellen uns vor, wie sich diese Wolke auflöst. Monroe: »Denken Sie gar nichts, aber bleiben Sie schwebend zwischen Wachsein und Schlaf. Schauen Sie auf die Schwärze vor Ihren Augen.«

Verbinden wir die bisher besprochenen Übungen: Wir fangen wieder mit dem Armhochheben an. Er sinkt. In Gedanken besteigen wir ein Kamel. Es trägt uns auf und ab. Wir fühlen uns schwerelos, lösen uns von dem Reittier und driften in der Luft, friedlich und entspannt. Wir blicken nach unten. Wir sehen die harmonische Hügellandschaft. Wir schließen die Augen. Alles um uns herum löst sich auf.

»In dieser Phase«, so Robert A. Monroe, »verblassen alle

Eindrücke.« Wir spüren nicht mehr das Bett, auf dem wir liegen. Wir hören nicht mehr das Ticken der Wanduhr oder das Bellen des Hundes vom fernen Bauernhof. Wir sind nur noch freies Bewußtsein. Wir nehmen keine Geruchseindrücke mehr wahr, wir registrieren keine Signale mehr von den Geschmacksnerven.

Jetzt beginnt die entscheidende Phase des Experiments Astral- oder Geistreise. Stellen wir uns vor, zwischen unseren Augen liege eine weiche, schwarze Kugel. Wir lenken unsere Aufmerksamkeit auf sie. Wir sehen sie plastisch, können sie nach einiger Zeit förmlich fühlen. Schließlich gibt es nur noch unser Bewußtsein, das frei von störenden Eindrücken ist, und diese Kugel. Wir stellen uns vor, daß sie zu schweben beginnt. Sie bewegt sich von unserer Stirn weg, verharrt schließlich in kurzem Abstand schwebend, spielerisch und leicht.

Wir lassen die Augen geschlossen und denken uns zwei Strahlen. Zunächst verlaufen sie parallel. Dann neigen sie sich und treffen sich – im Zentrum der Kugel. Wir konzentrieren uns auf die Strahlen, spüren förmlich, wie sie in die Kugel eindringen. Einige Zeit lang konzentrieren wir uns auf dieses Gefühl. Wir haben das Empfinden, daß wir in der Kugel stecken. Wir lassen sie höher fliegen, denken sie uns stets als einen Spielball der Strahlen aus den Augen. Sie tänzelt, folgt aber mit jeder noch so kleinen Bewegung unseren Gedanken.

Wir bewegen die Kugel mit unseren Gedanken. Wir lassen sie in alle Richtungen kreisen und drehen, dann wieder zum Stillstand kommen. Wir lassen sie weiter vom Kopf wegwandern und wieder zurückkehren. Es wird einige Zeit dauern, bis wir unser Empfinden in die Kugel hineinversetzen können. Wir lassen sie wie ein ferngesteuertes Flugzeugmodell wegfliegen, im Schlafzimmer kreisen, sanft an Decke oder Wände stoßen. Geübte Experimentatoren verspüren so etwas wie ein Kribbeln, wenn die Kugel auf ein Hindernis trifft.

Wenn wir uns immer mehr dem Reich des Traums nähern, schließlich einschlafen, können wir in der Kugel auf Reisen gehen. Wir können mit ihr Hindernisse durchdringen. Wir können die Umgebung unseres Hauses erkunden. Mit einiger Praxis wird es vielen von uns möglich sein, nicht nur mit der Kugel

Geistreisen zu unternehmen, die durchwanderten Regionen zu spüren. Sie können – wobei der Körper friedlich im Bett schläft – mit dem Geist reisen und sehen, riechen und hören, was am »Zielort« geschieht.

Mancher Zeitgenosse kann sein Bewußtsein mit spielerischer Leichtigkeit in die gedachte Kugel, die in der Welt des Traums allerdings höchst real ist, versetzen. Andere haben da Schwierigkeiten. Sie werden ungeduldig, fallen aus dem Zwischenreich Wachsein/Schlafen heraus. Wenn es mit der Kugel nicht klappt, sollte man nicht frustriert sein, sondern andere Methoden ausprobieren.

Wir stellen uns ein bunt bemaltes Kettenkarussell vor, wie es sie früher auf Jahrmärkten gab. Noch befindet es sich im Ruhezustand. Wir nehmen Platz. Wir wissen, daß wir uns in einer Traumwelt befinden. Das Karussell hat keinen eigenen Motor. Wir treiben es mit unseren Gedanken an. Das funktioniert tatsächlich. Schon die Vorstellung von Bewegung genügt, um das Karussell in Betrieb zu nehmen. Angst ist nicht am Platz: Es dreht sich nur so schnell oder so langsam, wie wir das wollen. Unsere Gedanken steuern es nicht nur, sie treiben es auch an.

Spielerisch lassen wir es beschleunigen und wieder abbremsen. Irgendwann haben wir ein Tempo erreicht, das ganz genau unseren Vorstellungen entspricht. Wir drehen uns im Kreis. Jetzt konzentrieren wir uns auf den Punkt zwischen den Augen. All unsere Empfindungen lenken wir in diesen Punkt. Wir sind letztlich nur noch dieser Punkt. Und wir kreisen mit gleichbleibender, angenehmer Geschwindigkeit. Wenn wir es wollen, lösen wir uns vom Karussell. Wir – der Punkt auf unserer Stirn – nutzen die Schwungkraft und lassen uns treiben. Wir lösen uns, fliegen leicht und beschwingt.

Oder: Wir klettern in ein kreisrundes Bassin. Die Wassertemperatur ist äußerst angenehm. Wir schwimmen in das Zentrum des Beckens. Das Wasser trägt uns. Wir treiben an der Oberfläche, ohne daß wir Schwimmbewegungen ausführen müssen. Wir wissen, daß unser Nabel der Mittelpunkt des Bassins ist.

Wir konzentrieren uns auf unseren Nabel. Wir lenken unser gesamtes Empfinden in diesen Punkt. Das erzeugt Wohlbefinden. Wir fühlen uns wohl, ausgewogen und kraftvoll. Stellen wir uns vor: Das Zentrum unserer Aufmerksamkeit sitzt in einer kleinen Kugel, die auf unserem Nabel liegt.

Wir wissen, daß wir mit unseren Gedanken etwas bewirken können. Sie bringen Bewegung ins Wasser. Sie lassen einen Wirbel entstehen, kreisende Wellenbewegungen setzen ein. Wir bewegen uns mit ihnen im Kreis – und zwar so schnell oder so langsam, wie wir das selbst wollen. Wir nutzen die Kraft des kreisenden Wassers, um uns emportragen zu lassen. Wir schweben über dem Wasser – in einer Kugel, die nach unseren Wünschen frei umherfliegen kann. Wohin wir wollen.

Gibt es Gefahren? Nein!

Wichtig ist eine fundamental bedeutsame Tatsache: Es gibt nicht den einzig wahren und allein gültigen Weg zu Geistreisen mit der Kraft der Träume, sondern viele. Vermutlich gibt es für jeden individuellen Menschen auch einen ganz persönlichen Weg. So gibt es auch keine verbindliche Gebrauchsanweisung, wie man vorzugehen hat. Es sind lediglich Anregungen möglich, die dazu animieren können, den eigenen Weg selbst zu finden. Gerade der besondere Reiz der vielfältigen Möglichkeiten macht die Beschäftigung mit der Kraft der Träume so anziehend.

Robert A. Monroe wurde oft gefragt, ob denn das Herumexperimentieren nicht gefährlich sein könne. Er hat das stets verneint. An welchem Punkt das Experiment auch abgebrochen wird: Man findet sich stets unmittelbar am Ausgangspunkt der Versuche wieder.

Befürchtungen anderer Art beziehen sich auf mögliche Alpträume. Besteht die Möglichkeit, daß dem Traumreisenden unterwegs alptraumartige Wesen erscheinen? Nach Monroe und anderen Forschern sind die schlimmsten Träume harmlose Seifenblasen, die lautlos zerplatzen, ohne auch nur die geringste Spur zu hinterlassen. Man muß sich nur vergegenwärtigen: Es gibt Traumhelfer. Sie sind in der Welt des Traums allgegenwärtig und sofort zur Stelle, wenn man sie in Gedanken herbeiruft. Mühelos vertreiben sie jeden auch noch so schlimmen Schrecken der Nacht.

Traumwesen – Begegnungen mit fremden Welten?

Wie schon Professor Dr. Alfred Lehmann, halten viele Vertreter der Wissenschaft Träume für reine Halluzinationen. Jahrtausendelang hatte der Mensch anders gedacht. Er hielt, wie Wolfram Buismann (*Geheimnis der Religionen,* Augsburg 1994, S. 69) betont, »für wirklich, was nach unserer Auffassung nicht wirklich ist. Das sind seine Erlebnisse im Traum. Sie sind für ihn ebenso real wie das, was er bei hellem Bewußtsein erlebt. Wir könnten sagen, der Traum ist Wirklichkeit. Kehren wir den Satz um, so hieße das, die Wirklichkeit ist für ihn nichts als ein Traum.«

So war für Jakob, Sohn des Isaak und Stammvater Israels, die Vision von der Himmelsleiter (1. Buch Mose, Kapitel 28) echte Wirklichkeit, auch wenn sie ihm im Traum offenbart wurde.

Kurioserweise haben Menschen des ausgehenden 20. Jahrhunderts wieder Begegnungen, die in teilweise verblüffender Weise dem Traum Jakobs von der Himmelsleiter gleichen. Zahllose Beschreibungen seltsamer Traumvisionen liegen vor, die häufig an uralte religiöse Symbole erinnern. Beschreiben sie Realitäten? Begegnen Menschen des 20. Jahrhunderts in ihren Träumen tatsächlich geheimnisvollen Wesen? Erleben sie einen Teil der Wirklichkeit, der den meisten Menschen unserer Tage unsichtbar bleibt? Enthüllt die Kraft der Träume manchen Menschen Botschaften der Seele, die die meisten von uns nicht hören können?

Der Diplomingenieur und Testpsychologe Gerd Wolfgang Höchsmann hat sich intensiv mit einer Vielzahl solcher mysteriösen Traumbegegnungen beschäftigt. Er befragte zahllose Zeugen, wertete ihre Aussagen qualitativ und quantitativ aus. Dabei kam er zu der Überzeugung, daß jene seltsamen Wesen, die so manchem verängstigten Zeitgenossen gegenübertreten, nicht Ausgeburten verquerer Phantasie oder absurder Wunschvorstellungen sind. Sie sind vielmehr Teil einer Realität, die viel umfassender ist, als wir es uns vorstellen können.

Sind Traumbesucher reine Phantasie? Entstehen sie in einer Zeit des Materialismus aus der Sehnsucht heraus, Religiös-Mystisches zu erleben? Oder spiegeln sie tatsächlich eine Realität wider, die wir nicht verstehen?

Die Externsteine sind ein beliebtes Ausflugsziel. Im frühen Mittelalter schlugen Mönche aus den Felsen eine Nachbildung der christlichen Wallfahrtsorte in Jerusalem. In einer der Felskammern befindet sich eine sargartige Kuhle. Professor Hans Bellamy denkt, daß sich die Mönche hier in Trance begaben: »Zum Alltagsleben der abgeschieden lebenden Mönche gehörte wahrscheinlich auch die rituelle Kontaktaufnahme mit himmlischen Sphären. Man versuchte im Traum – wie einst die biblischen Propheten – Botschaften von Gott zu erhalten.« Legten sich Mönche in die sarkophagähnliche Vertiefung, um ungestört Traumbotschaften zu empfangen?

Ein seltsames Erlebnis bei den Externsteinen

Hier, an diesem mystischen Ort, erlebte die damals 18jährige Yvonne Schneider (Pseudonym) aus Bad Salzuflen eine Geistreise der besonderen Art. Die junge Frau hatte am späten Abend des 15. August 1994 mit ihrem damaligen Freund geschlafen. Der junge Mann war eingedöst, Yvonne lag nackt neben ihm im Gras. Sie döste vor sich hin und starrte in den nächtlichen Himmel, als eine Erscheinung ihre Aufmerksamkeit auf sich zog. »Mir fiel ein besonders heller Stern auf, der sich aber bewegte und rasch näher und näher, tiefer und tiefer kam. Plötzlich stand er als große, helle Scheibe über mir. Ich wollte schon meinen Freund wecken, da ging von der Unterseite dieses runden Dings ein heller Lichtstrahl aus.«

Ihrer Schätzung nach schwebte das Flugobjekt etwa dreihundert Meter über dem Erdboden, hatte einen Durchmesser von

»etwa fünfzig Metern«. Die junge Frau wurde von dem Lichtstrahl erfaßt, den sie als ein »seltsames Kribbeln auf der nackten Haut« zu verspüren meinte. Plötzlich habe sie sich wie schwerelos gefühlt und sei förmlich »abgehoben«. Mir berichtete sie später: »Ich schwebte in einem Winkel von fünfundvierzig Grad nach oben, zum Himmel. Dabei hatte ich keine Angst, obwohl mir sonst schon bei kleinen Höhen schwindelig wird.«

An das »Flugerlebnis« selbst vermag sie sich nicht mehr so recht zu erinnern. Eine Erinnerung verdrängte sie zunächst, sie kam erst langsam in Träumen wieder zurück. »Während ich so, wie von einer unsichtbaren Kraft hochgesogen, nach oben driftete«, erklärte mir Yvonne Schneider im Oktober 1996, »sah ich nach unten. Da lag mein Freund im Gras. Er schlief. Und neben ihm sah ich mich selbst liegen, lang ausgestreckt, in den Himmel starrend. Ich flog höher und höher, sah mich selbst am Boden. Dabei dachte ich, ich müsse mich doch auch selbst in die Lüfte aufsteigen sehen. An solche Bilder kann ich mich aber nicht erinnern.«

Auch heute noch kann sie sich nicht daran erinnern, wie sie in das Innere der leuchtenden Scheibe gelangte. »Plötzlich war ich in dieser Scheibe und dachte: So sieht also ein UFO von innen aus!« Sie habe sich in einem kreisrunden Saal befunden, dessen Wände aus Metall zu bestehen schienen. Sie war nicht allein. »Kleine Männchen, höchstens einen Meter zwanzig groß, umstanden mich. Eines legte mich auf einen metallenen Tisch, beschmierte mich mit einer dünnflüssigen, leicht öligen Substanz, die ganz angenehm duftete.«

Die Begleitumstände ihres seltsamen Erlebnisses waren der jungen Frau fast peinlich. Sie gesteht: »Bei den Berührungen durch das fremde Wesen kamen bei mir sexuelle Regungen auf, die aber angesichts der Fremdartigkeit des Kleinwüchsigen rasch wieder abklangen. Einen Augenblick fuhr mir der Gedanke durch den Kopf: Nicht mit solch einem Knirps.«

Mehrfach befragte ich Yvonne Schneider zu ihrem Erlebnis. Sie reagierte empört auf die Frage, ob es sich denn nicht doch »nur« um einen Traum gehandelt haben könne. Sie weist eine solche Vermutung stets vehement von sich: »Ich war hellwach, bei vollstem Bewußtsein, nicht einmal müde. Ich kann sehr wohl zwischen Traum, Phantasie und Wirklichkeit unterscheiden. Sexuelle Träume habe ich keine. Ich habe es nicht nötig, davon zu träumen!«

Eines der kleinwüchsigen Wesen habe begonnen, sie zu untersuchen. Dabei habe es von einem »Kollegen« Geräte gereicht bekommen, die es mit routiniertem Geschick einsetzte. »Da war so ein Kasten, aus dem führten sieben dünne, durchsichtige Schläuche heraus. An den Enden befanden sich kleine Saugnäpfe. Diese etwas klebrigen Dinger wurden an meinem Körper angebracht, an den Brüsten, um den Nabel, am Unterleib.«

Nach Yvonne Schneiders Schätzung dauerte die gesamte Prozedur »etwa fünf Minuten«. Es falle ihr aber, je länger das Erlebnis zurückliege, immer schwerer, das Geschehen zeitlich einzuordnen. Während der untersuchungsartigen Vorgänge habe der Kasten surrende Geräusche von sich gegeben, mal waren sie lauter, mal leiser. Ein Wesen habe etwas am Kasten abgelesen. »Vielleicht waren da irgendwelche Skalen angebracht. Die konnte ich aber nicht sehen.« In seltsam gurrenden Lauten habe das Wesen Mitteilungen gemacht, vielleicht irgendwelche Meßwerte übermittelt.

Während der gesamten Prozedur sei sie nackt gewesen, habe aber »zu keinem Zeitpunkt« so etwas wie Scham verspürt. »Es war viel weniger peinlich als bei meinem Gynäkologen«, der sei schließlich ein »erwachsener Mann mit sexuellen Regungen«, die »seltsamen kleinen Wesen« hingegen seien ihr wie »spielende Kinder« vorgekommen. Die Zeugin beteuerte immer wieder: »Was mir da geschah, entsprach in keiner Weise meinen intimen Wünschen. Ich bevorzuge große, muskulöse Männer, keine Zwerge!«

Während der Untersuchung habe sie »einen großen Kasten wahrgenommen«, den sie wie folgt beschreibt: »Es war so etwas wie ein riesiger Schneewittchensarg, irgendwie in die Wand eingelassen, eingebaut. Er bestand aus durchsichtigem Material wie Glas, erinnerte mich sehr an ein Aquarium. Er war von hinten angestrahlt. Eine Lichtquelle konnte ich aber nicht erkennen, ich nahm nur den Schein wahr.«

Im Inneren des Kastens habe sich »ein sehr großes Wesen, vielleicht drei Meter lang«, befunden. »Es war kein Mensch, sah aber sehr menschenähnlich aus. Es hatte Haare am ganzen Leib wie ein riesiger Affe, war komisch dünn angesichts der Größe, wirkte irgendwie unpassend von den Proportionen her. Das Ding schwamm in einer trüben, aber durchsichtigen Flüssigkeit. Es war anscheinend nackt, ich konnte aber keine Geschlechtsmerkmale erkennen.« Jenes seltsam riesenhafte Wesen habe sie sich mehrfach angeschaut. Vielleicht konzentrierte sie sich darauf, um sich von den Prozeduren abzulenken, die an ihr vollzogen wurden. Yvonne Schneider: »Ich habe, so gut das aus meiner Position heraus überhaupt möglich war, immer wieder hingesehen.«

Je aufmerksamer sie das Wesen im »Aquarium« betrachtet habe, um so lauter habe das »kastenähnliche Ding« gesummt und gesurrt. Das monotone, auf- und abschwellende Geräusch sei eindeutig von dem Kasten ausgegangen, aus dem die durchsichtigen Schläuche herausführten, die mittels Näpfen an Yvonne Schneiders Haut klebten. »Anscheinend hat das Gerät auf meine Emotionen reagiert. Mir wurde schon etwas bang angesichts dieses Monsters, das leichte Atembewegungen auszuführen schien. Aber das kann auch eine optische Täuschung gewesen sein.«

Ihr Interesse an dem fremdartigen »Riesenaffen« sei auch den kleinwüchsigen Experimentatoren aufgefallen. Das behandelnde Männchen habe ihr, ohne daß sie akustisch Worte wahrnahm, mitgeteilt: »Das ist so etwas, womit wir experimentieren. Du brauchst keine Angst davor zu haben! Es sieht zwar fremdartig aus, hat aber auch viel von dir.« Diese Erklärung habe sie zunächst überhaupt nicht verstanden. Auf telepathischem Wege sei ihr dann mitgeteilt worden, daß das Riesenwesen eine Art »Züchtung« der Kleinen sei, es sei einerseits Tier, habe aber auch Teile vom Menschen und solche von den kleinwüchsigen Wesen.

Schließlich war die Prozedur beendet. Man habe die Saugnäpfe von ihrer Haut entfernt, die Schläuche seien »irgendwie in den Kasten zurückgeflutscht«. Er habe abrupt aufgehört zu surren und summen.

In den ersten Monaten nach dem seltsamen Ereignis war Yvonne Schneider nicht dazu in der Lage, sich daran zu erinnern, wie sie aus dem Inneren der Scheibe wieder zurück neben ihren immer noch schlafenden Freund gelangte. Inzwischen hat sich das aber geändert.

»Eines der Männchen half mir von dem metallenen Untersuchungstisch«, berichtet Yvonne Schneider. »Es führte mich in die Mitte des kreisrunden Raums. Schließlich gab es mir zu verstehen, daß ich mich auf den Boden legen müsse, was ich auch tat. Ich spürte die fast etwas unangenehme Kälte des Bodens an meinem Rücken. Plötzlich war es für Sekunden pechschwarz um mich herum. Mir wurde dabei schwindelig. Wahrscheinlich nur Sekunden später war da so etwas wie ein Ruck. Ich schwebte nach unten. Über mir sah ich wieder die Scheibe dieses UFOs. Ich sank tiefer und tiefer. Das UFO über mir wurde kleiner und kleiner. Einen Augenblick hatte ich Angst vor dem Fallen. Aber dieses Gefühl hielt nur kurz an.«

Gemächlich sei sie gen Boden geschwebt. Sie habe dabei seitlich nach unten geblickt, sich gar nicht mehr darüber gewundert, daß sie sich, obwohl sie doch noch in der Luft geflogen sei, selbst am Boden im Gras liegen sah.

»Ich schwebte, mit dem Rücken nach unten, die Beine leicht angewinkelt, die Arme seitlich am Körper angelegt, nach unten. Irgendwann einmal dachte ich, daß ich doch den Erdboden erreicht haben müsse. Dann spürte ich einen seltsamen Schmerz. Mir war, als würde ich von oben bis unten auseinandergerissen. Der Schmerz war kurz, aber am ganzen Körper, überall auf meiner Haut zu spüren.«

Es fiel Yvonne Schneider schwer, im Oktober 1996 genauer zu beschreiben, was sie da empfand. »Am ehesten läßt es sich wohl so beschreiben: Für Sekundenbruchteile hatte ich das Gefühl, als hätte ich am ganzen Körper einen entsetzlichen Sonnenbrand. Der Schmerz war plötzlich da. Mir war, als würde meine Haut verbrennen. Er schien wahnsinnig schnell so intensiv zu werden, wie ich noch nie etwas empfunden habe. Dann war er weg. Und ich spürte das Gras an meinem Rücken. Mir war jetzt fast etwas kalt.«

Sie habe ihren Freund neben sich leise schnarchen gehört. »Irgendwie war ich innerlich aufgewühlt. Ich war hellwach. Meine Sinne waren klar. Ich überlegte, ob ich aus einem Traum aufgewacht sei.« Dann habe sie, fast ängstlich, zum Himmel geblickt. »Ich hoffte, daß alles nur geträumt war! Wenn das alles geschehen sein sollte, ich würde an meinem Verstand zweifeln.«

So habe sie gehofft, nichts als den sternklaren Himmel zu sehen. Aber da hob sich deutlich die Scheibe des UFOs ab. »Wie, um mich zu verspotten, um mir zu zeigen, daß eben doch alles wirklich geschehen war, glühte das Ding am Himmel auf. Es wurde unheimlich hell – für Sekundenbruchteile. Es blitzte regelrecht auf. Dann war es urplötzlich weg, vom Himmel verschwunden. Es kam mir so vor, als habe jemand ein Licht ausgeschaltet.«

Yvonne Schneiders Erlebnis weist viele Merkmale auf, die von außerkörperlichen Traumreisen bekannt sind. Verschiedene Details sind identisch mit jenen, die von Wissenschaftlern wie Charles T. Tart von der Universität von Virginia und Dr. Karlis vom Institut der »American Society for Psychical Research« als typisch angesehen werden.

Sie hatte ihr Flugerlebnis während der Nacht, vielleicht sogar während des Schlafs. Ihr Geistkörper löste sich von ihrem physischen Leib, sie schwebte ohne Angst nach oben, sah sich selbst unter sich liegen. Sie hatte beim eigentlichen Vorgang der Trennung einen Blackout. Bei der Wiedervereinigung trat kurzzeitig starker, vorübergehender Schmerz auf. Ihr Erlebnis ist freilich keineswegs einzigartig. Ähnliche Berichte liegen zu Tausenden vor.

Der Fall Travis Walton

1975 schrieb die amerikanische Regierung einen umfangreichen Auftrag aus. Im Sitgraves-Nationalpark in Arizona sollten Holzfällerarbeiten durchgeführt werden. Verschiedene Firmen bewarben sich, erteilt wurde der Auftrag schließlich einer Gruppe von sieben Männern, zu denen auch die Gebrüder Travis und Duane Walton gehörten. Am 5. November 1975 waren die Holzfäller nach einem anstrengenden, arbeitsreichen Tag gegen sechs Uhr abends auf dem Rückweg in ihr Quartier. Vom Lkw aus beobachteten sie ein »goldenes UFO«. Es schwebte niedrig über den Baumwipfeln. Ihren Berichten zufolge hatte es die Form eines Diamanten, an der Oberseite war so etwas wie eine Kuppel auszumachen. Alle sieben Zeugen sagten später übereinstimmend aus, sie hätten deutlich »Fenster« wahrgenommen.

Die Holzfäller, alles gestandene Männer, waren sich nicht einig, ob sie so rasch wie möglich weiterfahren oder das seltsame fliegende Objekt beobachten sollten. Travis Walton wollte sich nicht damit begnügen, aus der sicheren Distanz zu beobachten. Er verließ den Lkw und rannte in Richtung UFO. Seine Kollegen schrien ihm nach. Er solle doch den Unfug lassen, zu ihnen zurückkehren. Travis Walton aber hörte nicht auf sie.

Als er sich unter dem Flugobjekt befand, schoß ein blauer Lichtstrahl aus dem »Diamant« am Himmel. Er traf Travis Walton und schleuderte ihn zu Boden. Entsetzt fuhren seine Kollegen davon. Würde sie das UFO verfolgen? Das war nicht der Fall. Eilig kehrten sie an die Stelle zurück, an der Travis ausgestiegen war. Ihr Freund und Kollege war verschwunden. »Wir müssen die Polizei um Hilfe bitten«, schlug einer der Männer vor.

Der Chef der nächsten Polizeistation, Sheriff Ellison, hörte sich ihren Bericht ruhig an. Er nahm die Aussagen der Männer ernst und organisierte umgehend einen Suchtrupp. Sheriff Ellison erinnerte sich später, daß drei der Holzfäller auf keinen Fall wieder in den Wald zurückkehren wollten. »Einer der Männer weinte. Wenn sie logen, dann waren sie verdammt gute Schauspieler.«

Der Suchtrupp mußte unverrichteter Dinge zurückkehren. Von Travis Walton fehlte jede Spur. Schon wurden Zweifel an der Geschichte artikuliert. Gab es eine natürliche Erklärung? Lag vielleicht gar ein Verbrechen vor? War Travis Walton einem Verbrechen zum Opfer gefallen? Hatten ihn seine Kollegen ermordet? Behaupteten sie jetzt einfach, er sei von einem UFO attackiert worden, um ihre Bluttat zu vertuschen?

Sheriff Ellison hielt das für möglich, aber für unwahrscheinlich. In den ausgedehnten Wäldern des Sitgraves-Nationalparks wäre es ein leichtes gewesen, einen Mann zu ermorden und verschwinden zu lassen. Man hätte von einem Streit sprechen, behaupten können, Travis habe sich abgesetzt. Vermutlich hätte man nie seine Leiche gefunden, wenn tatsächlich ein Mord geschehen sein sollte. Würde eine fiktive Geschichte von einem UFO nicht erst recht die Behörden aufmerksam machen?

120 Stunden blieb Travis Walton verschwunden. Dann tauchte er plötzlich wieder auf – rund fünfzig Kilometer vom Ort seines Verschwindens entfernt. Seine Erinnerungen an die 120 Stunden waren ausgelöscht. Anders als Yvonne Schneider konnte er sich nicht daran erinnern, was ihm widerfahren war. Erst nachdem der Holzfäller hypnotisiert wurde, kehrten seine Erinnerungen an die fehlende Zeit wieder.

Er war offenbar an Bord des UFOs geschwebt – so wie auch Yvonne Schneider. Auch er war von seltsamen Kreaturen untersucht worden, bevor sie ihn wieder im Wald aussetzten.

Dr. Gene Rosenbaum aus Durango, Colorado, kam nach einem Lügendetektortest zum Ergebnis, daß Travis Walton die Wahrheit ausgesagt habe. Das trifft auch auf zahllose ähnlich gelagerte Fälle zu, die Professor Dr. John Mack, Psychologieprofessor, Gründer und Direktor des »Center for Psychological and Social Change«, untersuchte. Der mit dem Pulitzer-Preis geehrte Wissenschaftler untersuchte weit über 100 ganz ähnliche Fälle. Er veröffentlichte die Ergebnisse seiner umfangreichen wissenschaftlichen Arbeit 1994 in dem Buch »Abduction – Human Encounters with Aliens«.

Viele der Menschen, die sich Professor Mack anvertrauten, konnten sich erst unter Hypnose an ihre Erlebnisse erinnern. Beim Studium der Berichte fallen Parallelen zu den Geistreisen auf. Auch viele jener Menschen, die im Traum erlebten, wie sich ihr Geistkörper von ihrem physischen Leib trennte, sind davon überzeugt, daß sie derlei »Trennungen« bereits im Kindesalter hatten. Genauso geht es nicht wenigen der »Entführungsopfer«.

Professor Mack (*Entführt von Außerirdischen,* Essen 1995, S. 21) weist darauf hin, daß ihre Erlebnisse anderen Begebenheiten ähneln: »Hinsichtlich ihrer mystischen Bedeutung ähneln UFO-Entführungen, obwohl sie in gewisser Beziehung einzigartig sind, anderen entscheidenden und dramatischen Erfahrungen, wie sie von Schamanen, Mystikern und auch gewöhnlichen Menschen durchlebt worden sind, die Begegnungen mit dem Übernatürlichen hatten. Bei all diesen Erfahrungen macht das normale Bewußtsein des einzelnen eine radikale Veränderung durch. Er oder sie wird in eine ungewohnte Form des Seins eingeweiht, was letztlich zu einer Reintegration des Selbst führt – zu einem völligen Eintauchen in Zustände und/oder Kenntnisse, die einem früher nicht zugänglich waren.«

Für Dave begannen die Erlebnisse, die vor einigen Jahrtausenden gewiß als Begegnungen mit der göttlichen Allmacht gewertet worden wären, bereits in frühester Kindheit. Er wandte sich im Juni 1992 an Professor Mack. Seine früheste Erinnerung geht in das Jahr 1957 zurück. Dave, damals drei Jahre alt, marschierte unweit des elterlichen Hauses im südlichen Pennsylvania im Susquehenna-Tal eine Straße entlang. Drei Lichter brausten auf ihn zu, der Bub verspürte eine Art von Vibration, ein Kribbeln. Jahre später sollte diese eigentümliche Empfindung wiederkehren. Was dann geschah, daran kann er sich nicht erinnern. In den folgenden Jahren hatte er immer wieder unheimliche Begegnungen mit Lichtern oder UFOs.

So hatte er sich, 19 Jahre alt, mit seinem Bruder Ralph und einem Freund namens Jerry zum Plausch auf eine Wiese zurückgezogen. Es war später Abend, die Luft war klar, die Sterne funkelten am Himmel. Über einem nahe gelegenen Hügel stieg ein unbekanntes Flugobjekt auf, schlug einen Haken, flog direkt auf Dave und seine Freunde zu. Über ihnen schien es zu verharren. Die jungen Männer konnten deutlich die Unterseite des Objekts sehen. Dave hatte das Empfinden, daß ihn eine Art Gesicht aus dem Inneren des Flugvehikels anstarrte.

Sein wahrscheinlich eindrucksvollstes Erlebnis hatte er in der Nacht vom 8. auf den 9. Juli 1992. Den Abend hatte er im Hause der Eltern am Computer verbracht. Gegen 0.45 Uhr verließ er das Haus und fuhr die etwa 72 Kilometer heim. Gegen 1.30 Uhr kam er an. Seine Frau schlief bereits. Behutsam krabbelte er ins

Bett, sorgsam darauf bedacht, seine Frau nicht zu wecken. Es war ja mitten in der Nacht. Eine Stunde später, also gegen 2.30 Uhr, meint Dave eingeschlafen zu sein. Dabei wurde er von jenem seltsamen Gefühl heimgesucht, daß er als Knirps beim Anblick eines UFOs verspürt hatte. Er beschrieb es später als eine Art von Vibration, die unterhalb des Nabels zu spüren war und sich bis in den Brustbereich fortsetzte, wie ein Kribbeln.

Im Traum begegneten ihm seltsame Wesen. Eine weibliche Gestalt zerrte ihn aus dem Bett, ein Gesicht starrte ihn durch die Fensterscheibe an. Als er erwachte, war es vier Uhr morgens. Erst unter der Hypnose erinnerte er sich an die fehlende Zeit. Da tauchten wieder das Gesicht und die fremdartige Frau auf, die ihn aus dem Bett holte und zu Boden drückte. Er wurde aus dem Haus geführt, zu einer Waldlichtung, etwa fünfzig Meter entfernt. Dort stand ein großes rundes Raumschiff, eine Untertasse mit Kuppel an der Oberseite, etwa zwanzig Meter im Durchmesser. Dave wurde durch eine Art Eingang an Bord des Vehikels gebracht, auf einer Art Tisch untersucht. Dabei kamen seltsame Gerätschaften zum Einsatz – wie im Fall der Yvonne Schneider. Nach der zum Teil peinlich-unangenehmen Prozedur wurde er zurück ins Schlafzimmer gebracht. Seine Frau hatte nichts bemerkt.

Debbie Tomey, Catherine X. und Begegnungen mit dem Unheimlichen

Auch Debbie Tomey, 1959 in Indianapolis, USA, geboren, hatte von frühester Kindheit an Begegnungen mit dem Unheimlichen. Von ihrem 7. Lebensjahr an sichtete sie immer wieder UFOs. So sah sie 1975 »spiralförmige Lichter«. Zwei Jahre später, im Dezember 1977, war sie mit einer Freundin im Auto unterwegs. Aus sicherer Entfernung beobachteten die jungen Frauen die Landung eines UFOs. Kathy wurde schließlich an Bord genommen – und unangenehmen Untersuchungen unterzogen. 1979 wurde sie – diesmal aus der Wohnung – erneut in ein UFO verschleppt. Ähnliches geschah am 30. Juni 1983. Vor dem Haus landete ein UFO. Sie erinnerte sich deutlich daran, daß das fliegende Objekt niedergefahren war. Dann fehlte ein Stück Erinnerung. Nach einer Befragung unter Hypnose sieht es so aus, als ob damals Debbie Tomey radioaktiver Strahlung ausgesetzt war.

Der himmlische Besucher hinterließ Brandspuren im Garten der Familie Tomey. Der Rasen muß kurzzeitig sehr hohen Temperaturen ausgesetzt gewesen sein.

Catherine X. studierte Musik und verdiente nebenbei Geld als »Dame von der Rezeption« in einem Stadtclub. 1991 bat sie Professor Dr. John E. Mack um Hilfe. Sie wurde nämlich von Erinnerungen an unheimliche Begegnungen heimgesucht. Einerseits versuchte sie zu verdrängen, zu vergessen, was da geschehen war. Andererseits aber war sie davon überzeugt, daß die schlimmen Alpträume aufhören würden, sobald sie erst einmal genau wußte, was sie erlebt hatte.

Auch Catherine X. hatte als Kleinkind Begegnungen mit rätselhaften kleinwüchsigen Wesen. Sie hat noch heute das Bild plastisch vor Augen: ein Wesen mit schwarzen Augen, einem spitz zulaufenden Kinn und einem Kopf in der Form eines umgekehrten, mit der Spitze nach unten gedrehten Tannenzapfens. Die Gestalt tauchte in Catherines Zimmer auf. Die fühlte sich wie gelähmt, konnte nicht schreien. Weitere Wesen erschienen, zerrten sie aus dem Haus ins Freie, wo sie ein tellerförmiges Vehikel sah. Im Inneren begegneten ihr fünf oder sechs weitere Kinder. Sie durfte mit einem futuristischen Spielzeug hantieren. Es scheint sich dabei um eine »fliegende Metallkugel« gehandelt zu haben, die mit einer Fernsteuerung dirigiert werden konnte.

Als etwa Siebenjährige wurde, glaubt man ihren Erinnerungen unter Hypnose, Catherine X. neuerlich entführt. Ein kleinwüchsiges, gefährlich aussehendes Wesen entnahm eine »Gewebeprobe« aus ihrer Hand. »Das benötigen wir für die Forschung«, erklärte ihr der Gnom.

Als Catherine X. 21 war, ereignete sich Dramatisches. Sie hatte die Weihnachtstage in harmonischer Stimmung bei ihrer Mutter verbracht. Ein, zwei Tage danach erwachte sie mitten in der Nacht. Oder träumte sie nur, daß sie wach wurde? Sie ging in der Wohnung der Mutter umher. Irgendwann einmal sah sie aus dem Fenster. Da war ein UFO. Es stand auf einem hart gefrorenen Sumpfgelände. Das Ding glänzte silbrig-metallen. Zahlreiche Lichter blinkten. Catherine X. fühlte sich wie magisch von dem Ding angezogen. Obwohl sie nur ein dünnes T-Shirt anhatte, schlüpfte sie hastig in ein Paar Gummistiefel ihrer Mutter und ging nach draußen. Es fiel ihr einerseits gar nicht so leicht, sich dem UFO zu nähern. Angst breitete sich in ihr aus. Gleichzeitig hatte sie gar keine andere Möglichkeit. Es war, als habe sie keinen eigenen Willen mehr. Befolgte sie fremde Befehle?

Taubheit breitete sich in ihrem Körper aus, eine Art Gefühllosigkeit. Catherine X. ging zielstrebig auf das UFO zu. Sie war nicht allein. Fünf fremdartige Kreaturen fielen ihr auf. Die Wesen warteten auf sie und geleiteten sie zum Schiff. Über eine metallene Rampe ging sie mit den fremdartigen Wesen an Bord des grauen UFOs. Im Inneren des Objekts war so etwas wie ein wissenschaftliches Labor. Catherine wurde zu einem blockartigen Tisch geführt, auf den sie sich legen mußte. Fünf kleinwüchsige, ja geradezu gebrechlich wirkende Wesen mit dünnen, dürren Hälsen umstanden sie. Auch sie wurde, wie so viele andere Entführungsopfer, gegen ihren Willen medizinisch untersucht. Sie hatte das schmerzliche Gefühl, daß ihr – wohl aus der Gebärmutter, dem Gebärmutterhals oder dem Eileiter – eine Probe entnommen wurde.

Ein weiteres Instrument wurde gereicht. Es sah gefährlich aus: metallisch, dünn, etwa dreißig Zentimeter lang. Der fremdartige »Arzt« schob es in Catherines Nase, immer tiefer. Dann stieß es auf einen Widerstand, etwas Hartes, das mit einem kräftigen Ruck durchstoßen wurde. Sie hatte das Gefühl, daß das Ding in ihr Gehirn eindrang, daß ihr eine Probe aus dem Gehirn entnommen wurde. Schließlich wurde das blutverschmierte Instrument wieder aus Catherines Nase gezogen. Noch Jahre nach dem Ereignis wurde sie von heftigen Weinkrämpfen geschüttelt, wenn sie daran dachte.

Das Erlebnis war für Catherine so alptraumhaft, daß es

Professor Mack nur mit Hilfe eines Tricks gelang, das Erlebte wieder an die Oberfläche der Erinnerung zurückzurufen.

Catherine kam – immer noch an Bord des UFOs – in einen weiteren Raum. Auf der linken Seite war so etwas wie ein Regal in die Wand eingelassen. Es mochte 2,40 Meter hoch gewesen sein, reichte vom Boden bis zur Decke. Es bestand aus vier oder fünf Reihen übereinander. Und in jeder Reihe standen von links nach rechts acht oder zehn gläserne Behältnisse. In jedem dieser Gläser wiederum schwamm ein seltsam deformiert wirkendes Wesen. Auf einem spindeldürren, kleinen Körper saß ein unförmig großer Kopf.

Es grauste Catherine X. Sie kam sich vor wie in einem Horrorkabinett des schlechten Geschmacks, das Menschen mit krankhaften Phantasien anlockt. Catherine sollte erfahren, daß diese Kreaturen Produkte der zwergwüchsigen Wesen waren. Sollte es sich um Kunstprodukte außerirdischer Besucher handeln? Catherine X.' Beschreibung von dem Regal mit den entsetzlichen Schauobjekten erinnert an das, was Yvonne Schneider an Bord »ihres« UFOs sah: ein monströses Wesen in einem »gläsernen Aquarium«.

Judy Doratys »Himmelsflug«

Catherine X.' Erlebnis findet eine Entsprechung in den Erlebnissen von Judy Doraty aus dem texanischen Houston. Im Mai 1973 hatte sie zusammen mit der Familie einen harmonischen Abend beim Bingospiel verbracht. Alle waren gut gelaunt, als man gemeinsam im Auto nach einem lustigen Bingoabend nach Hause fuhr. Unterwegs flog etwas Gleißendes über ihrem Auto und schien sie zu verfolgen. Schließlich hielt man an, wollte herausfinden, was da am Himmel flog. Nur Judy Doraty hatte freilich den Mut, auch auszusteigen.

Was sie sah, erlebte, das wußte sie zunächst gar nicht mehr. Jedenfalls fand sie sich wieder im Auto sitzend vor. Ein Stück ihrer Erinnerungen war gelöscht. Es war, als hätte irgendwer oder irgendwas einige Stunden ihres Gedächtnises getilgt, als sei mitten im Film ein Stück eines Videobandes herausgeschnitten worden.

Die Fahrt wurde fortgesetzt. Kaum war die Familie zu Hause angekommen, spielte sich eine seltsame Szene ab. Auf einem Feld, ganz in der Nähe des Hauses gelegen, kam ein hell strahlendes Ding vom Himmel. Es war rund und hatte eine Reihe von Fenstern und Lichtern. Judy Doraty, die sonst die Ausgeglichenheit in Person war, rastete förmlich aus. Sie brüllte ihre Kinder an, schrie, so laut sie konnte. Sie verbot ihnen, sich dem »verfluchten Ding« zu nähern. Warum reagierte sie nur so vehement? Warum wurde sie in den folgenden Wochen und Monaten von Alpträumen gequält? Um eine Antwort auf diese Fragen zu bekommen, suchte Judy Doraty Dr. Leo Sprinkle auf. Der langjährige Mitarbeiter der University of Wyoming in Laramie fand Antworten, die Judy Doraty insgeheim befürchtet hatte. Unter Hypnose kehrten die Erinnerungen an den Mai 1973 wieder.

Da war dieses Licht am Himmel – ein UFO. Da war dieses Kälbchen von der Weide, das in einem Lichtstrahl nach oben gesogen wurde. Auch Tochter Cindy hatte damals den parkenden Wagen verlassen. Grelles Licht blendete sie. Sie versuchte, ihre Augen mit den Händen gegen das Gleißen abzuschirmen. »Es ist so hell und fühlt sich warm an auf meiner Haut«, lautete später die Aussage der Tochter.

Beide Frauen bewegten sich vom Auto weg, marschierten in Richtung UFO. Dann nahmen sie die beiden kleinwüchsigen Wesen wahr, die aus einiger Entfernung das Geschehen beobachteten. Sie waren etwa 150, vielleicht 155 Zentimeter klein. Ihre Augen glichen denen von Insekten, waren unheimlich, schwarz wie die Nacht. Münder wie Menschen hatten sie nicht, diese seltsamen Wesen, sondern schmale Schlitze, wie Striche im Gesicht. Oder sollte man besser sagen: wie schmale Schnitte, ausgeführt mit einem Skalpell?

»Sie gingen irgendwie komisch, wie Roboter«, erinnerte sich Cindy. Und sie geleiteten die Frauen zum Lichtstrahl. »Er kam aus der Unterseite des UFOs.« Der Lichtstrahl erfaßte die junge Frau. Sie spürte ihn körperlich. »Er fühlte sich seltsam an, irgendwie feucht.« Er sog das Kälbchen hoch in die Luft. Das Tier »bewegte sich. Es schien zu schreien. Aber ich hörte nichts.« Cindy wähnte sich in einem realen Alptraum. Sie wurde traurig vor Mitleid und wütend, weil sie dem armen Tier nicht helfen konnte. »Das Kälbchen bewegte sich und schwebte dabei in den Himmel, zum UFO. Verzweifelt trat es mit den Beinen. Sein Maul bewegte sich. Ich vernahm aber keinen Laut. Es stieg höher und höher, bis es im UFO verschwunden war.«

Cindy wurde schwarz vor Augen. Sie fand sich unvermutet im UFO wieder. Irgendwie war sie an Bord geflogen. Wie das geschehen war, daran erinnerte sie sich auch unter dem Einfluß der Hypnose nicht. Nach Robert A. Monroe müßte sie eine Art Geistreise unternommen haben, wobei sie sich nicht an die Phase der Trennung zwischen Geistkörper und physischem Leib erinnern konnte.

An Bord des Flugobjekts machte sie Beobachtungen, die sich mit denen ihrer Mutter deckten. Auch sie beschrieb später einen runden »Operationsraum«. Auch sie sprach von dem fremdartigen Wesen mit der unmenschlichen Kopfform und den Insektenaugen. Auch Cindy wurde auf einen Operationstisch gelegt. Die Fremden musterten sie kalt, untersuchten sie mit merkwürdigen Geräten. Da war zum Beispiel ein L-förmiges Instrument, etwa zwölf bis fünfzehn Zentimeter lang. Es wurde in Cindys Hals geschoben, verursachte bei dem extrem verängstigten Teenager ein Würgen im Hals. Cindy fühlte sich zutiefst erniedrigt, wie ein Versuchstier behandelt. Sie sah, wie das von der Weide entführte Kalb traktiert wurde. Dem Mädchen wurde übel, als die Wesen Stücke aus dem Körper des Tieres herausschnitten. Stück für Stück wurde sorgsam abgelegt. Stück für Stück wurde näher untersucht. Flüssigkeit wurde aus den Fleischbatzen gesaugt, andere Substanzen wurden hineingespritzt.

Schließlich wanderten die Fleischstücke in Röhren, die im Boden eingelassen waren. Überall im Raum schienen Teile von Tieren zu liegen, zu wissenschaftlichen Präparaten verarbeitet. Da war eine abgeschnittene Hundeschnauze, die Knochen waren von den Experimentatoren penibel von Haut und Fleisch befreit worden. Besonders furchteinflößend wirkte ein Schweinefötus auf Cindy. Er schwamm wie schwerelos in einer gallertartigen Masse. Reglos, wohl tot, lagen zwei Vögel auf einem Tisch, vermutlich ein Eichelhäher und ein Spatz.

Dr. Johannes Fiebag, geboren 1956, beschäftigt sich als ausgebildeter Naturwissenschaftler schon seit vielen Jahren mit der Problematik außerirdischer Zivilisationen und möglichen Eingriffen der Fremden in unsere Welt. Am 7. Februar 1996 wurde ihm in der Universität Bern der Dr.-A.-Hedri-Preis verliehen. Damit wurde seine umfassende Beschreibung des Phänomens der außerirdischen Besucher ausgezeichnet.

Was die wissenschaftliche Arbeitsweise von Dr. Johannes Fiebag von der der meisten seiner schriftstellernden Kollegen unterscheidet: Er sieht nie nur einzelne Teilaspekte der Thematik. So ist ihm durchaus bewußt, daß zahllose Entführungsfälle Ähnlichkeiten mit sogenannten Geistreisen aufweisen. Er schreibt (*Kontakt,* München 1994, S. 272): »Sehr häufig treten bei Entführungen sogenannte Out-of-Body-Experiences (kurz OOBEs: außerkörperliche Erfahrungen) auf. Das menschliche Bewußtsein scheint für Minuten, zeitweise auch für Stunden, den Körper zu verlassen und vollkommen unabhängig von diesem agieren zu können.«

In der Tat werden von zahlreichen Betroffenen, die über Entführungen durch Außerirdische berichten, Begleiterscheinungen beschrieben, die nur einen einzigen Schluß zulassen: Zumindest bei einem Teil der Erlebnisse handelte es sich nicht um körperliche Begegnungen. Manche der irdischen Zeugen machten außerkörperliche Erfahrungen.

Regina Köhler (Pseudonym) etwa, eine 38jährige Unternehmerfrau in einer kleinen Stadt bei Karlsruhe, hatte so ein Erlebnis im Jahr 1993, das Dr. Johannes Fiebag in seinem Buch »Kontakt« schildert. Erst unter der Hypnose konnte sie sich an die geheimnisvollen Vorgänge erinnern.

Regina Köhler war nächtens mit dem Auto unterwegs nach Hause. Plötzlich kam eine Rechtskurve, sie konnte nicht weiterfahren. Das Auto blieb stehen. Ein »komisches Gefühl« kam über sie. Sie war »angespannt im Körper«. Dann geschah Seltsames: Sie saß zugleich hinter dem Steuer ihres Wagens und schwebte aus dem Pkw. Sie war noch im Auto, zugleich aber auch nicht. Wie in einem »Fahrstuhl« driftete sie nach oben, in Richtung »Licht«, das da am Himmel stand. Im Licht war eine Luke, vor der sie Angst hatte.

Ihren Beschreibungen zufolge muß es sich bei dem »Licht« mit der »Luke« um eine Art Raumstation gehandelt haben. Im Inneren des Vehikels sah sie geschäftiges Treiben. Sie erkundete das Innere des UFOs, eher schwebend als gehend. In einem großen, kahlen Raum wurden ihr viele Kinder gezeigt. Schließlich durfte sie wieder umkehren. Sie durchquerte wieder eine Schleuse, sank zurück zur Erde in Richtung Pkw. Dabei glaubte Regina, wie Dr. Johannes Fiebag schreibt, »bei ihrer Rückkehr aus dem Objekt ihren Körper im Auto sitzen gesehen zu haben«.

Traum oder Wirklichkeit?

Zu den meistdiskutierten Entführungsfällen gehören ohne Zweifel die Begegnungen von Betty Andreasson-Luca. Wie so viele Entführte hatte sie ihre ersten Kontakte in frühester Kindheit.

Am 25. Januar 1967 befand sie sich in der Küche der elterlichen Wohnung im Städtchen Ashburnham im amerikanischen Bundesstaat Massachusetts. Seltsame Wesen, die an Halloween-Monster erinnerten, glotzten durch die Fenster und drangen ins Haus ein. Sie gingen einfach durch Wände oder Türen hindurch, als bestünden sie nicht aus fester Materie. Die unheimlichen Besucher verhielten sich dabei wie Geistwesen. Oder wie Menschen, die im Traum auf Astralreise sind. Betty wurde entführt und von den furchteinflößenden Wesen medizinisch untersucht. Wie so viele Betroffene konnte sie sich zunächst nicht an die Geschehnisse erinnern. Wie Hilary Evans und John Spencer (*Ufos 1947–1987,* London 1987, S. 133) berichten, erinnerte sie sich erst »1977, zehn Jahre nach den Ereignissen, unter Hypnose, daß sie an Bord des Flugvehikels genommen und einer medizinischen Untersuchung unterzogen wurde«.

Für Menschen des Mittelalters paßte es in das Weltbild, wenn Heilige Wundersames tun konnten. Wenn sie dazu in der Lage waren, in religiöser Ekstase zu fliegen oder mit ihrem Geistkörper Wände durchdringen konnten, dann dachte dabei niemand an die Kraft der Träume. Man glaubte an Gott. Man war von der Existenz eines allmächtigen Schöpfers überzeugt. Aus der Bibel wußte man, daß es Wunder gab. Sie galten als natürlicher Beweis für die Allmacht des Schöpfers.

Ulrich Magin weist nun darauf hin (*Von Ufos entführt,* München 1991, S. 142–145), daß gerade die oft unerklärlich wirkenden Begleiterscheinung von Entführungen auch einen religiösen Aspekt haben. Er schreibt: »Wir leben in einer säkularisierten, entmythologisierten Gesellschaft. Sakrale und magische Handlungen sind bis zur Unkenntlichkeit trivialisiert worden. In der modernen Gesellschaft ist das erlebbare Heilige so weit vom Alltäglichen entfernt, daß sowohl das Opfer der Entführung wie auch seine Umwelt offenbar nur eine technologische Interpretation des Erlebten verstehen können.«

Tatsächlich gibt es Beschreibungen von Entführungsopfern, die stark an religiös-mystische Erlebnisse von Heiligen des Mittelalters erinnern. Dr. Johannes Fiebag weist in seinem Buch »Kontakt« auf diesen Sachverhalt als fast einziger Fachautor der »Ufo-Forscher-Szene« hin: »Betty Andreasson-Luca wurde bei einer ihrer OOBE-›Entführungen‹ Zeuge einer merkwürdigen Szenerie: Eine Gruppe lichtvoller Gestalten ohne Gesichtszüge befand sich in einer Art Spiel. Sie bewegten Lichtstangen, Kugeln, Pyramiden durch die Luft, ließen sie in verschiedenen Farben aufsprühen: ›Es ist einfach so ungewöhnlich! Sie wirken so glücklich! Sie, es erscheint, als ob sie glücklich sind, weil – sie sehen einfach so frei-i-i aus!‹«

Wie aber ist der eindeutig religiöse Aspekt zu deuten? Darf man unterstellen, daß das Phänomen der Entführungen letztlich gar nicht existiert? Ist es legitim, wenn man unterstellt, daß es eine Ausgeburt der menschlichen Phantasie ist, die sich nach Kontakten mit in religiösem Sinne Überirdischem sehnt?

Schaffen sich die Entführten Phantasiebilder, weil sie sich alleingelassen fühlen in einer Welt, aus der die konkrete religiöse Erfahrung verschwunden ist? Dr. Johannes Fiebag verneint diese Hypothese. Seiner Ansicht nach steht der Mensch seit Beginn seiner Existenz (*Sternentore,* München 1996, S.8) »in Verbindung zu anderen Formen des Bewußtseins«. Dr. Fiebag weiter: »All diese Formen – mögen sie in unserem Universum angesiedelt sein oder dort ihren Ursprung haben, mögen sie aus parallelen Welten, anderen Zeiten und Zeitströmen, anderen Dimensionen oder anderen, noch völlig unbekannten ›Zustandsformen‹ des bewußten Seins stammen – sind, sobald sie eine bestimmte Stufe der Entwicklung erreicht haben, miteinander vernetzt, bilden ein umfassendes Ganzes.«

Nach Dr. Fiebag passen sich die – wie auch immer gearteten – Anderen unseren Erwartungen an. Weil in unserer Zeit an der Schwelle zum dritten nachchristlichen Jahrtausend Hunger nach religiös-mystischem Erleben besteht, begegnen sie in der erhofften, erwünschten Form.

Edgar Cayce – der schlafende Prophet

Jahrtausendelang waren es die Priesterinnen, Propheten und Schamanen, die an heiligen kultischen Orten wie etwa Malta mit der Kraft der Träume wirkten. Das Phänomen des »schlafenden Propheten« ist freilich keineswegs ein Relikt aus uralten Zeiten. Es tritt auch heute noch auf. Sind wir Kinder des Atomzeitalters aber überhaupt dazu in der Lage, Erscheinungen, denen der Geruch des Magischen anhaftet, zu erkennen?

Edgar Cayce (1877–1945) war so ein Mann, der wenige Jahrhunderte früher zweifelsohne als »Magier« verbrannt worden wäre. Er wuchs bei einfachen Bauersleuten in einem Vorort von Hopkinsville in Kentucky auf. Zunächst machten sich seine Eltern keine größeren Sorgen, als ihr Bub von »unsichtbaren Spielgefährten« sprach. »Das geht sicher bald vorüber«, trösteten sie sich. Edgar behauptete aber schließlich gar, er könne mit den Geistern verstorbener Verwandter sprechen. Der Junge entwickelte sich ansonsten normal. In der Schule kam er gut zurecht. Allerdings lernte er nicht wie seine Kameraden. Er konnte sich in eine Art von Dämmerzustand versetzen, Wissen in diesem seltsamen Zustand in großen Mengen in kürzester Zeit speichern. Diese Gabe verlor sich wieder. Edgar mußte die Schule schon nach der siebten Klasse verlassen. Der Weg zu einer höheren Bildung war ihm verschlossen. Und doch verfügte der einfache Farmerssohn, der nie auch nur den Hauch einer medizinischen Ausbildung genossen hatte, über unglaubliches Wissen. Damit half er sich selbst. Seine Gesundheit war nicht die beste. Manchmal befürchteten seine Eltern und die hinzugezogenen Ärzte das Schlimmste. Edgar wurde ohnmächtig. Er sank in tiefes Koma. Sein Leben war bedroht. Würde er überhaupt wieder gesund werden? War zu befürchten, daß der Junge bis an sein Ende ein Pflegefall sein würde?

Die Ärzte waren ratlos. Sie meinten, man könne nur abwarten. Da geschah Seltsames: Edgar sprach, während er sich in einem traumähnlichen Trancezustand befand, klar und deutlich. Er benutzte Begriffe, die er nie zuvor im Leben gehört haben konnte. Er beschrieb sachkundig seine eigene Krankheit. Er nannte die Ursache für seine Fieberanfälle und krampfartigen Zuckungen. Und er nannte eine Reihe von Substanzen. Daraus sei eine Salbe anzufertigen. Und die müsse auf seine Wirbelsäule geschmiert werden. Natürlich waren die Ärzte skeptisch: »Das grenzt doch an Magie!« Sie befolgten aber die Anweisungen des Buben. Er wurde gesund.

Wenige Jahre später trat bei Edgar neuerlich eine Krisensituation ein. Während er, inzwischen 21 Jahre alt, als einfacher Verkäufer in einer Schreibwarengroßhandlung arbeitete, erkrankte er erneut. Die Ärzte konnten nicht feststellen, woran er nun genau litt. Sie konstatierten nur eine »Lähmung der Stimmbänder«. Wieder war er es selbst, der Abhilfe schaffte.

Professor Alfred Lehmann sah in Träumen, die den Menschen Ursachen von Krankheiten enthüllen, nichts Ungewöhnliches. In seinem tiefsten Inneren kenne der Mensch den eigenen Körper eben genauer, als ihm das bewußt sei. So könnten dann Träume konkrete Hinweise auf Erkrankungen enthalten. Fälschlicherweise werde oft angenommen, daß diese Hinweise prophetisch seien. Es gebe aber eine natürliche Erklärung: In seinem Innersten spüre der Mensch, daß er bald erkranken wird, auch wenn äußerlich noch gar keine Symptome einer Krankheit wahrgenommen werden können.

Derlei »Erklärungen« gehen am Phänomen Edgar Cayce vorbei: Er war ganz offensichtlich krank. Das sahen auch die Ärzte. Aber der Farmersjunge, der von Medizin keine Ahnung hatte, konnte präzise angeben, welche Arzneien aus welchen Rohstoffen in welchem Verhältnis angerührt werden mußten. Seinen Traummitteilungen wurde Folge geleistet. Die Arzneien wurden hergestellt. Sie halfen.

Edgar Cayce beschränkte sich auch nicht darauf, sich selbst

Arznei gegen seine Leiden zu verschreiben. Er half auch anderen. Das konnte er, weil die Ärzte, die von seinen erstaunlichen Fähigkeiten erfuhren, keinen falschen Stolz besaßen. Sie konsultierten den »ungebildeten jungen Mann«. Am 9. Oktober 1910 erschien in der angesehenen »New York Times« ein umfangreicher Bericht. Der Titel klang sensationell: »Analphabet spielt in Hypnose Doktor«.

Sachlich legte der Bericht dar, daß Dr. Wesley Ketchum in Boston vor einem erlauchten Kreis von Wissenschaftlern die »zweifelsohne echten übersinnlichen Fähigkeiten« von Edgar Cayce geschildert hatte.

Der Bericht aus der »Times« machte Edgar Cayce weltweit zu einer Berühmtheit. Hilfesuchende aus ganz Amerika, aber auch aus Übersee, die das Vertrauen in die Ärzteschaft verloren hatten, reisten an. Andere schickten umfangreiche Briefe, in denen sie die Krankheiten beschrieben, an denen sie litten. Ärzte aus aller Welt reisten an. Sie wollten das Phänomen des schlafenden Propheten ergründen. Es gelang ihnen nicht. Sie konnten nur die Fakten bestätigen: Edgar Cayce verfügte nur im traumähnlichen Trancezustand über scheinbar unbegrenztes medizinisches Wissen.

Edgar Cayce stand seinen eigenen Fähigkeiten zunächst skeptisch gegenüber. Dr. med. Harmon H. Bro stellt in seinem grundlegenden Werk »Traumdeutungen« über den schlafenden Propheten fest (Genf 1982, S. 102): »Medizinische Hilfe, das war die Form, in der sich seine hypnotischen Fähigkeiten zum erstenmal gezeigt hatten: Ein Arzt seiner Heimatstadt hatte ihn gebeten, für Patienten Diagnosen zu stellen und Arzneien zu verschreiben – wie es angeblich einige hypnotische Medien in Europa machten. Die Idee war dem jungen Edgar Cayce regelrecht lächerlich vorgekommen. Er hatte keinerlei Bildung außer der Volksschule, und seine berufliche Erfahrung beschränkte sich auf das Verkaufen von Büchern in mehreren Buchhandlungen sowie auf Assistentenarbeiten bei einem Photographen. Doch in bewußtlosem Zustand besaß er die Fähigkeit, den Körper eines Menschen zu untersuchen wie ein geistiger Röntgenstrahl; er gebrauchte medizinische Ausdrücke, die er nie gehört hatte, und beschrieb komplizierte Behandlungen oder empfahl die Überweisung von Patienten an Spezialisten.«

»Man muß wohl sagen«, führt Fachautor Jacques Bergier aus, »daß Edgar Cayce im traumähnlichen Trancezustand Zugriff auf unbegrenztes Wissen hatte. Er konnte in Amerika die Zusammensetzung eines Arzneimittels beschreiben, das es zu diesem Zeitpunkt noch gar nicht auf dem Markt gab. Es kam immer wieder vor, daß wohlhabende Kunden weltweit in Zeitungen inserierten. Sie nannten Arzneimittel, die ihnen von Cayce im Traum verschrieben worden waren. Und siehe da: Manche Mittel gab es schon seit Jahren nicht mehr, andere befanden sich noch in der Entwicklungsphase.« Wie soll man erklären, daß Cayce aus aller Welt Wissen bezog? Man kann nur spekulieren. Er scheint mit seinen Gedanken die Gehirne anderer Menschen angezapft zu haben. Dabei spielte es keine Rolle, wie weit weg diese Menschen waren. Es war ohne Bedeutung, ob sie in einem Nachbarort lebten oder auf der anderen Seite des Globus.

Viele Fragen sind bis heute nicht beantwortet worden. So erscheint vieles von dem, was Cayce tat, den magischen Praktiken von Schamanen zu ähneln. Oft genügte es ihm, wie Ärzte immer wieder erstaunt feststellten, daß Cayce den Namen oder die Anschrift eines Patienten erfuhr. Und schon konnte er genauestens darlegen, an welcher Krankheit der entsprechende Patient litt. Mehr noch: Cayce nannte präzise, welche Arzneimittel halfen. Sehr oft »verschrieb« er dabei Mittel aus der Chemieabteilung der Apotheke. Oft riet er aber zu alten Hausmitteln, deren Anwendung er dann stets sorgsam und nachvollziehbar beschrieb.

Edgar Cayce war freilich kein weltfremder Mensch. Er nutzte seine geheimnisvollen Fähigkeiten auch, um zu Geld zu kommen. So gehörten ihm zeitweise Ölfelder im Wert von einer Million Dollar. Er hatte seine magisch anmutende prophetischen Gabe des Sehens genutzt, um mit großem Erfolg an der Börse zu spekulieren. So schnell er zu Reichtum gekommen war, so schnell verlor er wieder seinen gesamten Besitz.

Reicher Nachlaß

Als Edgar Cayce am 3. Januar 1945 in Virginia Beach starb, hatte er ein Leben mit schwindelerregenden Höhen und Tiefen hinter sich. Er hatte Millionen verdient. Er hatte ein Krankenhaus aufgebaut, wo Menschen nach seinen Traumvisionen behandelt wurden. Er war als Berater von reichen Geschäftsleuten zu großen Ehren gekommen. Er hatte aber auch als eine Art Wundermann des 20. Jahrhunderts die Bewunderung einer riesigen Anhängerschaft genossen. Mißerfolge waren ihm ebensowenig erspart geblieben. So hatte er seine Aktienmillionen verloren, so mußte er ansehen, wie seine Universität und sein Krankenhaus geschlossen wurden.

Edgar Cayce hinterließ eine gewaltige Bibliothek. Sie besteht aus mehr als 14 000 Mitschriften seiner Trance-Mitteilungen, die von Mitarbeitern aufnotiert worden waren. Vermutlich ist dieser unglaubliche Wissensschatz auch heute noch nicht gänzlich ausgewertet worden.

Der »schlafende Prophet« ist heute hauptsächlich als Heiler bekannt. Dabei war das Verschreiben von Arznei nur ein Teil des Wirkens von Edgar Cayce. Er nutzte seine geheimnisvollen Fähigkeiten auch für ganz profane Prophetie. Und was er vorhersah, das traf in den allermeisten Fällen auch ein. So hat Edgar Cayce den schlimmsten Börsenkrach der Geschichte weltweiten Handels von 1929 vorhergesehen. Er hatte konkrete Visionen von schlimmen Naturkatastrophen, die 1926 Japan, Kalifornien und die Philippinen heimsuchten. Im Gegensatz zu vielen heutigen Hellsehern schwadronierte er nie von irgendwelchen nebulösen Unglücken. Er sah in seiner traumartigen Trance Bilder von der Präzision einer Fernsehnachrichtensendung. Er nannte geographisch fest umrissene Orte. Er sagte genau, zu welchem Zeitpunkt sich welche Naturkatastrophe ereignen würde.

Die Steine von Bimini

1957 waren Wissenschaftler der Columbia-Universität in der Region des Bahama-Archipels unterwegs. In der Nähe der Insel Bimini führten sie Probebohrungen durch. Sie holten Material vom Meeresgrund, um es zu datieren. Es war etwa 4370 Jahre alt. Tiefere Erdschichten müßten entsprechend älteres Material enthalten. In einer Tiefe von vier bis fünf Metern unterhalb des Meeresbodens, so nahmen sie an, dürfte das Material etwa 12 000 Jahre alt sein.

Ende der sechziger Jahre unseres Jahrhunderts machten Taucher vor Bimini eine phantastische Entdeckung: Da lag so etwas wie eine monströse Mauer, zusammengefügt aus riesenhaften, behauenen Steinquadern. Sie ist von Menschen geschaffen worden. Wann? Etwa im sechsten Jahrtausend vor Christus, wenn nicht gar wesentlich früher. Damals lag der Wasserspiegel des Atlantiks mindestens sechs Meter tiefer. Die Bimini-Insel war also einst wesentlich größer. Weite Teile versanken vor Jahrtausenden in den Fluten.

Die Entdeckung der Bimini-Mauern war von Edgar Cayce schon Jahrzehnte zuvor genau vorhergesagt worden. Seinen Worten zufolge gehörte Bimini einst zu Atlantis. »Jene Bewohner von Atlantis hatten das Geheimnis entdeckt«, schrieb Cayce, »wie man die Sonnenenergie einfangen konnte. Sie konzentrierten sie in einem Stein mit magnetischen Eigenschaften, der mehr Energie abgab, als er erhielt.«

Was Edgar Cayce da in einer seiner Trance-Sitzungen zu Protokoll gab, erinnert an eine verblüffend moderne Technologie. Sollte es sie tatsächlich gegeben haben? Dann muß sie den uneingeweihten Kreisen der Bevölkerung, die vor Jahrtausenden lebten, als pure Magie erschienen sein.

Edgar Cayces Prophezeiungen in Sachen Bimini haben sich nachprüfbar erfüllt. Alles, was von Tauchern entdeckt worden ist, bestätigte die Ausführungen Cayces. Ist es dann nicht nur legitim, wenn man annimmt, daß auch seine anderen Vorhersagen in Erfüllung gehen werden?

Nach Cayce soll sich der Boden südlich und westlich von

Bimini gegen Ende des 20. Jahrhunderts heben. Uralte Bauwerke im schlammigen Morast werden auftauchen und von Archäologen rekonstruiert. Dann sprudeln heilige Quellen, die vor Jahrtausenden versiegten, erneut. Das Wasser dieser Quellen wird sich als von unglaublicher Reinheit erweisen, ja als medizinisch wirksames Heilmittel.

Die Pyramiden von Gizeh

In seinen Trancevorlesungen behauptete Cayce auch, die ägyptischen Pyramiden seien uralt und stammten von den Atlantern. Seit vielen Jahren beschäftige ich mich mit den großen Kulturen unseres Planeten. Dabei zeigt es sich immer wieder, daß sie weitaus älter zu sein scheinen, als die konservative Wissenschaft annimmt.

Das trifft in besonderem Maße auf Ägypten zu. Cayce könnte auch hier recht behalten. Nach John Anthony West entstand die sogenannte Cheopspyramide etwa zwischen 10 000 und 15 000 v. Chr. und wurde nicht von Pharao Cheops, sondern viele Jahrtausende zuvor erbaut.

Der gleichen Ansicht ist Zecharia Sitchin. Er glaubt, daß die Inschrift der Pyramide, die Cheops als Erbauer nennt, 1837 gefälscht wurde. Howard Vyse soll damals in einer der »Entlastungskammern« über der vermeintlichen Grabkammer nachträglich den Namenszug »Cheops« angebracht haben, um als »Entdecker« berühmt zu werden. Ist die Welt der Wissenschaft einem Betrüger aufgesessen? Geschickt war er dabei allem Anschein nicht, denn es unterlief ihm ein dummer Fehler.

Vyse hat allem Anschein nach den Pharaonen-Namen aus dem Werk »Materia hieroglpyhica« von John Gardener Wilkinson abgeschrieben. Dabei übernahm er einen Druckfehler dieses Standardwerks des 19. Jahrhunderts über Hieroglyphen. Es ist aber kaum anzunehmen, daß Cheops seinen eigenen Namen falsch schreiben ließ. Noch unwahrscheinlicher ist es, daß dabei auch noch der gleiche Fehler unterlaufen sein soll, der auch John Gardener Wilkinson passierte!

Auch der arabische Geschichtsschreiber al Makrizi bekundete in seinen Werken, die Große Pyramide sei nicht von Cheops, sondern von einem Saurid vor der Sintflut in Auftrag gegeben worden.

Just das behauptete Edgar Cayce bereits vor Jahrzehnten in einer seiner Traumtrancen. Und wie es aussieht, bestätigt sich seine kühne Vision. Aus dem Lager der Wissenschaft melden sich Gelehrte, die die bisherigen Annahmen der ägyptischen Altertumsforschung für schlichtweg falsch halten. So kam unlängst Dr. Mark Lehner, ein Geologe und Ägyptenexperte von Rang, zu folgendem Resultat: »Die ›Cheopspyramide‹ könnte sehr wohl älter als die Flut sein!« Ihm stimmen Gelehrte wie Dr. Robert Schoch, Universität Boston, und Professor Dr. Joseph Davidovits, Direktor des »Institute for Applied Archeological Sciences«, zu.

Wird sich die seherische Aussage von Edgar Cayce bestätigen? Wird es dazu kommen, daß rings um die Sphinx unterirdische Grüfte archäologisch erforscht werden, in denen uralte Artefakte lagern? Angeblich ruhen in ihnen noch mehrere Mumien hochangesehener Herrscher ältester ägyptischer Dynastien. Nach Cayce werden sie gefunden werden. Man wird sie untersuchen und auswerten. Dann werde ganz eindeutig feststehen, daß die Cheopspyramide weit älter ist als bisher angenommen. Gefunden werden, so Cayce, »kostbare Steine, Votivtafeln, Gedenktafeln, Musikinstrumente, Wand- und Altarteppiche, Namenssiegel, chirurgische Instrumente, Arzneimittel«.

Fakt ist, daß sich immer mehr Hinweise ergeben, daß die »Große Pyramide« weitaus älter ist. Fakt ist auch, daß sie weitere Hohlräume und Kammern enthält, die bis heute nicht – zumindest nicht offiziell – geöffnet wurden. Und Fakt ist, daß Ende des Jahres 1996 bekannt wurde, daß es einen unterirdischen Gang zwischen Sphinx und Pyramide gibt. Ist es der Gang zu den unterirdischen Grabkammern mit gut erhaltenen Mumien, die Cayce vor Jahrzehnten in Trance-Sitzungen sah?

Existentielle Fragen wie »Leben nach dem Tode« und »Apokalypse am Ende der Tage« wurden von Edgar Cayce in einer Weise behandelt, die ihn als einen Nachfolger biblischer Propheten erscheinen lassen.

Edgar Cayce überwand bei seinen Geistreisen die Grenzen von Raum und Zeit. 1936 erlebte er eine prophetische Voraussicht, die in ihrer bedrückenden Klarheit an die Johannes-Apokalypse der Bibel erinnert. Sie offenbarte sich aber in einer zeitgemäßen Form. Edgar Cayce sah sich in einem Raumschiff über das Amerika des Jahres 2100 n. Chr. dahinfliegen. Eine Katastrophe wirklich unvorstellbaren Ausmaßes hatte den Erdteil fast bis zur Unkenntlichkeit verändert. Die einstige Metropole New York war fast vollkommen verschwunden, Nebraska zu einem Küstenstaat geworden. Weite Teile des amerikanischen Westens lagen unter dem Meeresspiegel. Städte wie Los Angeles und San Francisco gab es nicht mehr. Alabama war von schlimmen Fluten heimgesucht worden. Weite Teile des Bundesstaates lagen auf dem Meeresgrund.

Geologische Veränderungen, die sonst Jahrmilliarden dauern, hatten sich in Stunden abgespielt. Gleichzeitig mit dieser Katastrophe waren Gefilde, die bis vor kurzem den Meeresboden des Atlantischen wie des Pazifischen Ozeans gebildet hatten, von den inneren Kräften der Erde emporgehoben worden. Regionen, auf denen sich kürzlich noch unvorstellbare Wassermassen aufgetürmt hatten, waren nun festes Land. Das alte Europa war ebenfalls fast bis zur Unkenntlichkeit verändert worden. Weite Teile Japans waren überflutet. Der Meeresboden andererseits war emporgestiegen, neue Länder waren entstanden.

So erschreckend manche Zukunftsvisionen des schlafenden Propheten auch waren, andere Botschaften waren geradezu trostreich – etwa, was unsere Vorstellung vom Tod angeht. So kam Edgar Cayce durch verschiedene Traumvisionen zur Ansicht, daß der Tod anders war, als er dachte. Er erschien ihm nicht als bizarre Schreckensgestalt. Kurz nachdem Cayce einmal

Vorbereitungen für eine Trancesitzung getroffen hatte, erkannte er »den Tod als eine Persönlichkeit, als Individuum oder als Wesen«. Später schrieb er zu seiner ungewöhnlichen Erfahrung: »Ich bemerkte zum Tod: ›Du bist nicht so, wie du gewöhnlich dargestellt wirst, mit einer schwarzen Maske oder Kapuze oder als Gerippe mit Stundenglas und Sense. Statt dessen bist du hell, rotbäckig, kräftig, hast eine Schere.‹« Er habe zweimal »auf seine Füße oder Gliedmaßen oder auf den Körper« schauen müssen, »um ihn Gestalt annehmen zu sehen«.

In seiner Vision antwortete der Tod: »Ja, ich bin nicht, was viele zu glauben scheinen. Ich bin nicht das Schreckliche, das so oft dargestellt wird. Ich bin einfach eine Veränderung, einfach ein Besuch. Die Schere ist in der Tat das charakteristische Werkzeug des Menschen für Leben und Tod. Sie vereinigt sich tatsächlich, indem sie trennt. Und sie trennt, indem sie sich vereinigt.«

Den Tod als das Ende alles Seins gab es nicht in der Welt der Visionen von Edgar Cayce. Der Tod war kein Ende, sondern nur der Übergang von unserer Welt in eine andere. Und die war alles andere als dumpf und häßlich. Sie hatte nichts zu tun mit den Vorstellungen der alten Ägypter oder Babylonier, die ihre Toten in einem Reich der Finsternis dahindämmern sahen. In Edgar Cayces Visionen ist das Reich der Toten nicht gespenstisch. Die Verstorbenen leben auf einer andern Ebene weiter. Sie »sitzen beisammen, amüsieren sich und versuchen etwas zu vollbringen«. Schöne Musik erklingt. Für die Seelen, die ins Jenseits gekommen sind, ist das Leben nach dem Tod die eigentliche Existenz.

Dr. med. Harmon H. Bro (*Traumdeutungen,* Genf 1982, S. 231): »Eine verblüffende Tatsache, die alle diese Traumerlebnisse den Träumern klarmachten, war laut Cayce, daß der Todeszustand für die Seele weit eher ein Normalzustand ist als die irdische Existenz.«

Für Cayce ist die Seele des Menschen unsterblich. Das sei die Quintessenz vieler seiner Traumvisionen. Im Trancezustand betrat er seiner Überzeugung nach das Land des Traums. Er erreichte einen Zustand, der am ehesten mit der Existenz nach dem körperlichen Tod zu vergleichen sei. Vorübergehend sei er in die Lage versetzt worden, jene geheimnisvollen Kräfte auszunützen, die den lebenden Jenseitigen nach dem Tode zur Verfügung stünden. Er erkannte – so Cayce – während seiner Trancezustände die Botschaften der Seele: »Nun erlangt der Körper seine normalen Kräfte.«

Literaturverzeichnis

Das vorliegende Werk basiert auf langjährigen Recherchen des Autors. Er führte mit zahlreichen Wissenschaftlern und Buchautoren ausführliche Gespräche, auf die er sich bei seinen Ausführungen stützen konnte. Die nachfolgenden Werke enthalten weiteres Material, das die vom Autor vorgebrachten Gedanken stützt.

Algermassen, Konrad (et al): *Lexikon der Marienkunde,* Regensburg 1957

Betz, Werner: *Malta – Spuren in die Vergangenheit,* Frankfurt 1994

Bro, Dr. med. Harmon: *Traumdeutungen,* Genf 1982

Carrington, Hubert: *The American Seances with E. Palladino,* New York 1954

Ebon, Martin: *Können wir in die Zukunft sehen?,* München 1984

Evans, John D.: *Malta,* Köln 1963

Fair, Charles: *Das fehlprogrammierte Gehirn,* München 1971

Ferguson, Marilyn: *Die Revolution der Gehirnforschung,* Olten 1981

Fiebag, Dr. Johannes: *Die Anderen,* München 1993

Fiebag, Dr. Johannes: *Kontakt,* München 1994

Fiebag, Dr. Johannes (Hrsg.): *Das Ufo-Syndrom,* München 1996

Ford, Arthur: *Bericht vom Leben nach dem Tode,* Bern 1973

Gray, Randal (Hrsg.): *Lost Worlds,* London 1981

Gutbrod, Karl: *Du Monts Geschichte der frühen Kulturen,* Köln 1975

Home, Douglas D.: *Lights and Shadows of Spiritualism,* London 1877

Hopkins, Budd: *Eindringlinge,* Hamburg 1991

Kanitscheider, Bernulf: *Kosmologie,* Stuttgart 1984

Küppers, Bernd: *Der Ursprung biologischer Informationen,* München 1986

Lamon, Ward Hill: *Recollections of Abraham Lincoln,* Chicago 1895

Langbein, Walter-Jörg: *Bevor die Sintflut kam,* München 1996

Langbein, Walter-Jörg: *Das Sphinx-Syndrom,* Berlin 1997

Laszlo, Ervin: *Wissenschaft und Wirklichkeit,* Frankfurt am Main 1994

Magin, Ulrich: *Von Ufos entführt,* München 1991

Michell, John und Rickard, Robert J. M.: *Die Welt steckt voller Wunder,* Düsseldorf und Wien 1979

Muldoon, Sylvan und Carrington, H. Hubert Lavington: *The Projection of the Astral Body,* London 1929

Paaillar, Raimundo: *Religionen und die Religion,* München 1965
Pastrovichi, Pater Angelo: *Vita des Joseph von Copertino. Phänomene – Die Welt des Unerklärlichen,* Erlangen 1993
Plichta, Dr. Peter: *Gottes geheime Formel,* München 1995
Rochas, Eugene Auguste Albert de: *Die Grenzen der Wissenschaft,* Leipzig 1911
Siegel, Ronald: *Halluzinationen,* Frankfurt 1995
Strieber, Whitley: Vorwort in Fowler, R.: *Die Wächter,* Bergisch-Gladbach 1991
Watson, Lyall: *Geheimes Wissen,* Frankfurt 1976
Winowska, Maria: *Das wahre Gesicht des Pater Pio,* Aschaffenburg 1973
Wunderli, Erich: »Beweise für die Unsterblichkeit«, in: *Esotera,* Heft 5/1974
Zammit, Sir Themistocles: *Prehistoric Malta,* Oxford 1930
Zammit, Sir Themistocles: *Neolthic Hypogeum at Halsaflieni,* Malta 1935
Zweig, Stefan: *Heilung durch den Geist,* Frankfurt 1966.